U0679478

中华文化风采录

古老历史遗产

历朝的遗址

周丽霞 编著

北方妇女儿童出版社
·长春·

图书在版编目(CIP)数据

历朝的遗址 / 周丽霞编著. —长春 ： 北方妇女
儿童出版社，2017.1（2022.8重印）
（古老历史遗产）
ISBN 978-7-5585-0667-3

Ⅰ．①历… Ⅱ．①周… Ⅲ．①文化遗址－介绍－中
国　Ⅳ．①K878

中国版本图书馆CIP数据核字（2016）第311451号

历朝的遗址
LICHAO DE YIZHI

出 版 人	师晓晖	
责任编辑	吴　桐	
开　　本	700mm×1000mm　1/16	
印　　张	6	
字　　数	85千字	
版　　次	2017年1月第1版	
印　　次	2022年8月第3次印刷	
印　　刷	永清县晔盛亚胶印有限公司	
出　　版	北方妇女儿童出版社	
发　　行	北方妇女儿童出版社	
地　　址	长春市福祉大路5788号	
电　　话	总编办：0431-81629600	

定　　价　36.00元

习近平总书记说："提高国家文化软实力，要努力展示中华文化独特魅力。在5000多年文明发展进程中，中华民族创造了博大精深的灿烂文化，要使中华民族最基本的文化基因与当代文化相适应、与现代社会相协调，以人们喜闻乐见、具有广泛参与性的方式推广开来，把跨越时空、超越国度、富有永恒魅力、具有当代价值的文化精神弘扬起来，把继承传统优秀文化又弘扬时代精神、立足本国又面向世界的当代中国文化创新成果传播出去。"

为此，党和政府十分重视优秀的先进的文化建设，特别是随着经济的腾飞，提出了中华文化伟大复兴的号召。当然，要实现中华文化伟大复兴，首先要站在传统文化前沿，薪火相传，一脉相承，弘扬和发展5000多年来优秀的、光明的、先进的、科学的、文明的和自豪的文化，融合古今中外一切文化精华，构建具有中国特色的现代民族文化，向世界和未来展示中华民族具有独特魅力的文化风采。

中华文化就是中华民族及其祖先所创造的、为中华民族世世代代所继承发展的、具有鲜明民族特色而内涵博大精深的优良传统文化，历史十分悠久，流传非常广泛，在世界上拥有巨大的影响力，是世界上唯一绵延不绝而从没中断的古老文化，并始终充满了生机与活力。

浩浩历史长河，熊熊文明薪火，中华文化源远流长，滚滚黄河、滔滔长江是最直接的源头，这两大文化浪涛经过千百年冲刷洗礼和不断交流、融合以及沉淀，最终形成了求同存异、兼收并蓄的辉煌灿烂的中华文明。

中华文化曾是东方文化的摇篮，也是推动整个世界始终发展的动力。早在500年前，中华文化催生了欧洲文艺复兴运动和地理大发现。在200年前，中华文化推动了欧洲启蒙运动和现代思想。中国四大发明先后传到西方，对于促进西方工业社会形成和发展曾起到了重要作用。中国文化最具博大性和包容性，所以世界各国都已经掀起中国文化热。

中华文化的力量，已经深深熔铸到我们的生命力、创造力和凝聚力中，是我们民族的基因。中华民族的精神，也已深深根植于绵延数千年的优秀文化传统之中，是我们的精神家园。但是，当我们为中华文化而自豪时，也要正视其在近代衰微的历史。相对于5000年的灿烂文化来说，这仅仅是短暂的低潮，是喷薄前的力量积聚。

中国文化博大精深，是中华各族人民5000多年来创造、传承下来的物质文明和精神文明的总和，其内容包罗万象，浩若星汉，具有很强的文化纵深感，蕴含丰富的宝藏。传承和弘扬优秀民族文化传统，保护民族文化遗产，已经受到社会各界重视。这不但对中华民族复兴大业具有深远意义，而且对人类文化多样性保护也有重要贡献。

特别是我国经过伟大的改革开放，已经开始崛起与复兴。但文化是立国之根，大国崛起最终体现在文化的繁荣发展上。特别是当今我国走大国和平崛起之路的过程，必然也是我国文化实现伟大复兴的过程。随着中国文化的软实力增强，能够有力加快我们融入世界的步伐，推动我们为人类进步做出更大贡献。

为此，在有关部门和专家指导下，我们搜集、整理了大量古今资料和最新研究成果，特别编撰了本套图书。主要包括传统建筑艺术、千秋圣殿奇观、历来古景风采、古老历史遗产、昔日瑰宝工艺、绝美自然风景、丰富民俗文化、美好生活品质、国粹书画魅力、浩瀚经典宝库等，充分显示了中华民族厚重的文化底蕴和强大的民族凝聚力，具有极强的系统性、广博性和规模性。

本套图书全景展现，包罗万象；故事讲述，语言通俗；图文并茂，形象直观；古风古雅，格调温馨，具有很强的可读性、欣赏性和知识性，能够让广大读者全面触摸和感受中国文化的内涵与魅力，增强民族自尊心和文化自豪感，并能很好地继承和弘扬中国文化，创造未来中国特色的先进民族文化，引领中华民族走向伟大复兴，在未来世界的舞台上，在中华复兴的绚丽之梦里，展现出龙飞凤舞的独特魅力。

隋唐以后——古都遗影

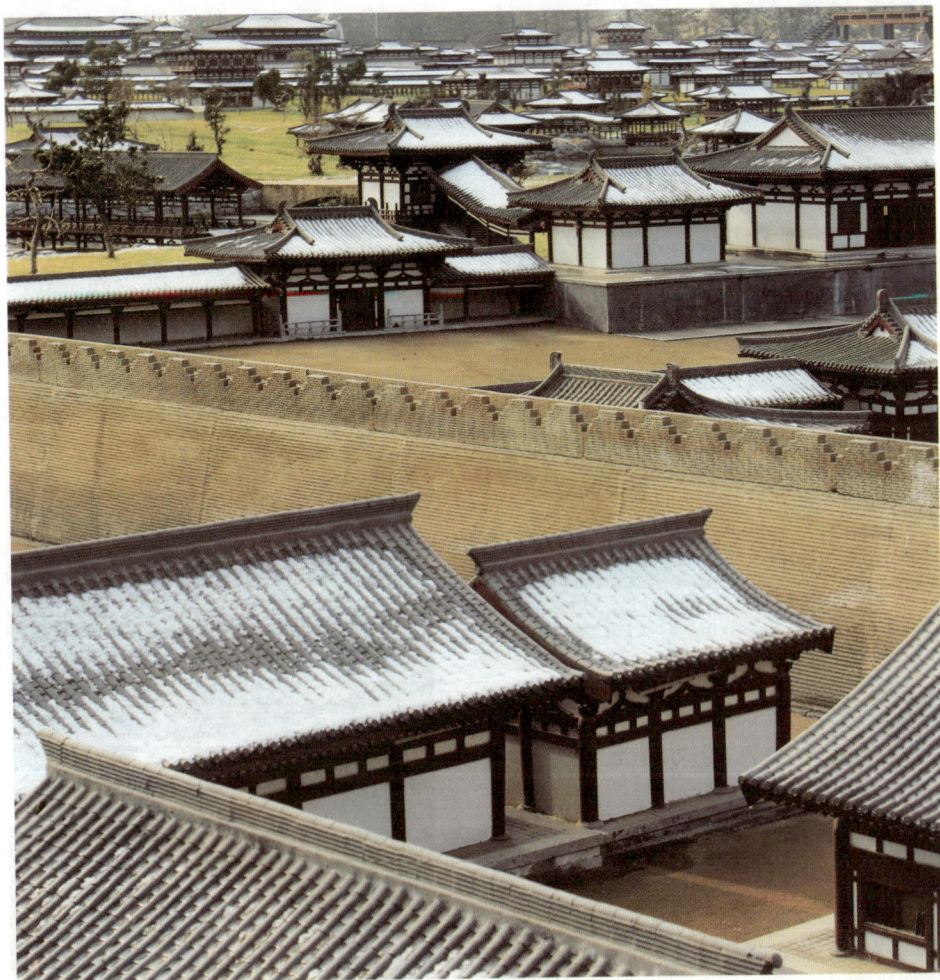

先秦时期指秦朝以前的历史时代，起自远古人类产生时期，至公元前221年，秦始皇灭六国为止。经历了三皇五帝、夏、商、西周，以及春秋、战国等历史阶段。

在长达1800多年的历史中，中华民族的祖先创造了光辉灿烂的历史文明，尤其是各个王都、国都纷纷在各地建立，主要有尧王城、偃师二里头夏都城、安阳殷墟、东周王城、曲阜鲁国故城、赵王城、燕下都等，为后世留下了丰富的历史遗存。

先秦时期
古城遗址

东方太阳城的尧王城

尧王城遗址位于山东省日照市境内，是大汶口文化和龙山文化时期的都城，遗址是当时亚洲最大的都城，也是4000多年前的山东龙山文化时期最大的都城。

山东省日照市天台山主峰东临大海，环绕在群山之中，山峦起伏，郁郁葱葱，山下河流交错，稻田纵横。

尧王城遗址就在天台山下，中心部分高出周围地面四五米，从古至今一直被称为"尧王城"。尧王城属特大或超大型都城，其陶片分布面积约360万平方米。

尧王城遗址文化层厚度一般为两三米，最

■ 大汶口文化彩陶

厚处可达6米。地层堆积以龙山文化层为主，兼有大汶口、岳石、商、周、汉等时代。

尧王城遗址共有墓葬13座，房址26座，器物窖穴5个，遗址中有器物400余件，其中有6座保留完整的房址。

从遗址中这些完整的房址来看，房屋平面基本为方形，面积约为15平方米至25平方米，居住地墙基、灶址、门道等保存较好，门多面南偏西，个别门面西偏南。

尧王城遗址的房屋建筑有3种形式：一为立柱式，二为土台式，三为土坯式。

立柱式房屋发现于文化层最底层，在原始土层上面建筑。房屋四周有若干个不规则的柱洞，四角有粗而深的大柱洞，大柱洞有的直径达0.7米，深度近0.9米。

大汶口文化 为前4200至前2600年的我国新石器时代后期父系氏族社会的典型文化形态。以泰山地区为中心，东起黄海之滨，西到鲁西平原东部，北至渤海南岸，南及今安徽淮北一带，河南省也有少部分这类遗存的发现。因首先发现于大汶口，遂把以大汶口遗址大汶口文化遗存为代表的一类遗存，命名为"大汶口文化"。

■龙山玉器

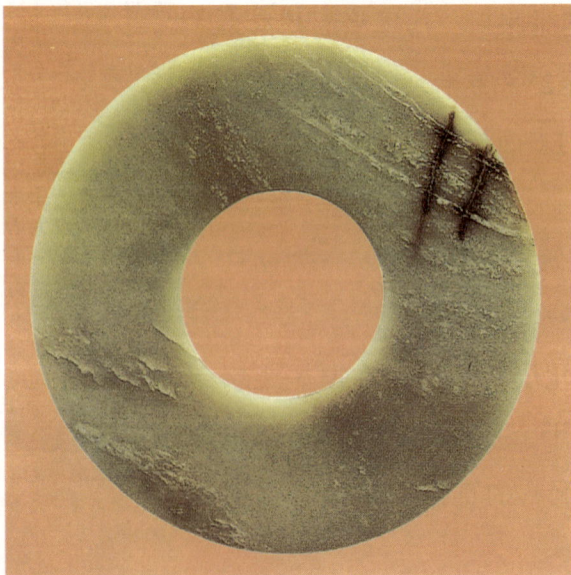

而在大柱洞的外侧另有一小斜柱洞，是为了支撑大木柱而立的小木柱，柱洞底部用黏泥和碎陶片隔层垫成并夯实，有的多达10多层，这种房屋面积一般为15平方米。

土台式房屋建筑，需要先在建房范围内把松软的土层挖掉，用黏土层层铺垫，有的将层层铺垫的黏土夯实，有的将层层铺垫的黏土用火烘烤。从铺垫的厚度看，一般达0.5米以上，有的达1米左右。然后在铺垫好的平台上再挖槽筑地基，地基多用黏泥筑成。

土坯式房屋建筑，它的墙基、地面均用规整的土坯砌成，墙基为两行错缝平垒，地面为横竖错缝平铺，坯与坯之间以及墙都用黑黏泥涂抹。

土台式和土坯式建筑形式的房屋地基处都发现有奠基石。有的在门一侧立一块，有的在门两侧各立一块，距今4000多年前建筑奠基可谓是当今城乡大型建筑工程奠基之源头。

尧王城遗址发掘发现的土台式、土坯式建筑形式和建设奠基，是全国龙山文化时期的首次发现。距今4000多年前的原始社会，造房不仅规划布局十分考究，而且房屋建造具有十分突出的特色、风格和技术，这对研究我国建筑形式、技术的继承与发

■ 龙山文化时期的
白陶鬶

展，研究我国建筑史提供了宝贵的资料，具有十分重要的意义。

遗址出土的遗物有陶器、石器、玉器等。陶器有泥质和夹砂黑陶、灰陶、红陶、白陶等，其中红陶和白陶器物仅见于鬶。陶器的主要器类有鼎、鬶、罐、盘、杯、盆、器盖、纺轮、镞、网坠等。

陶器多饰有弦纹、附加堆纹、乳钉纹、划纹等，并普遍采用快轮轮制而成。陶器中以火候高、陶质硬、陶胎薄，有黑亮光泽的蛋壳陶最为精致，代表了这一文化的高超制作技术。

彩陶的发现，填补了日照市及鲁东南沿海龙山文化陶器的空白。特别是在龙山文化大口尊陶片上发现的陶文极为重要，对研究我国文字起源提供了极宝贵的实物资料。

尧王城遗址中发现有炭化水稻的颗粒，这在当时是唯一发现龙山文化时期人工栽培水稻的实物证据。

陶文 古人在陶器上刻画的文字符号，较有名的如半坡陶符、丁公陶文、高邮陶文等，另有学者指出陶文可能比甲骨文更早成为中国最早的文字。陶文有两种：第一种是新石器时代陶器上的"原始文字"；第二种是战国时代陶器上的文字，一般只有几个字，大多是印文。

龙山时期蚌镞

另外，尧王城遗址的城址、图像文字和青铜冶炼的铜渣，是在山东地区最先步入文明社会的标志。尧王城一带有都城、邑城等大量分散的聚落，是一个强大的崇拜太阳神的文明古国。

尧王城遗址彩陶的出现，则填补了黑陶文化没有彩陶的空白。

墓葬的葬俗独具特色，在墓主人周围镶陶片构成方形墓框的现象是非常少见的。

尧王城遗址出土的墓葬的头像都朝着南部的天台山方向。说明尧王城古国是一个崇拜太阳的古国，是我国远古太阳文化起源地，是世界五大太阳崇拜起源地之一。

而据《山海经》和《尚书·尧典》中记载，我国远古先民羲和祭祀太阳神的汤谷即旸谷就在日照地区。而农历"二月二，龙抬头"传说是尧王的诞辰，日照尧王城遗址至今仍会举行纪念活动，来传承、发扬尧王文化，祈求风调雨顺、幸福平安。

阅读链接

1977年，山东省政府公布尧王城遗址为第一批重点文物保护单位。1978年至1979年，因为修路，文物工作者对该遗址的东沿进行了小部分抢救性发掘，揭露面积约300平方米，出土器物近200件。

1992年至1993年，经国家文物局批准，中国社会科学院考古研究所主持与日照市文化局、市博物馆联合对尧王城遗址进行了两次大规模考古发掘。

2006年，经国务院核定公布，尧王城遗址为全国重点文物保护单位。

第一王都的偃师二里头

　　二里头遗址位于伊水、洛水之间的河南省偃师市翟镇二里头村，是我国古代夏王朝的一座都城遗址，堪称"华夏第一王都"。伊、洛二水都是中华文明中著名的两条河流，其间流淌的都是中华文明的历史。

　　传说很早以前，有莘氏女采桑于伊川，得婴儿于空桑之中，那孩子自己说他母亲孕于伊水之滨，梦神告诉母亲："臼水出而东走。"

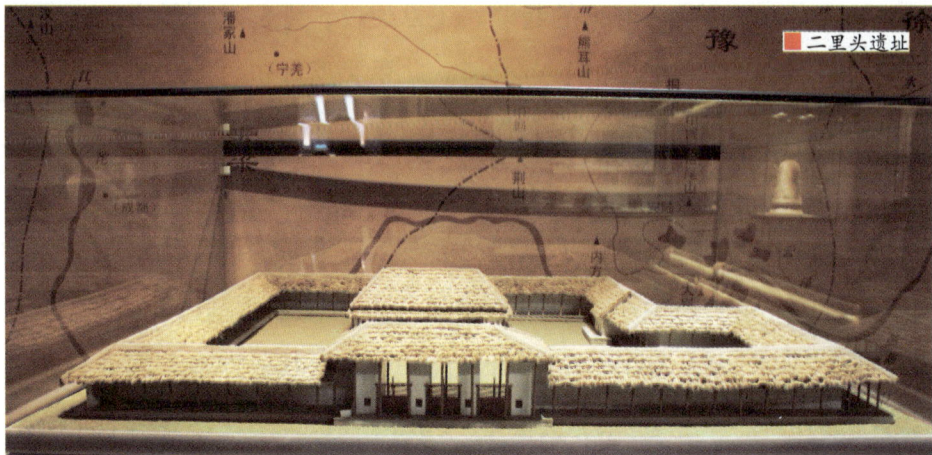

二里头遗址

■ 二里头文化玉钺

母亲睁开眼就见臼水出来了。告诉邻居们快走，大家走远了，回头再看村子已经被水淹没。他母亲化为空桑树，自己就留在桑树中了。莘氏女收养了婴儿，长大后非常有贤德，称之伊尹。

洛水悠悠，弥漫着神秘色彩。周公制礼作乐大功告成后，曾率群臣在洛水边摆曲水之宴。他让群臣沿水边席地而坐，将叫作觞的木质酒具放入水中，任其漂流。觞在何处羁绊打旋，离着最近的人就要饮酒一杯。"滥觞"一词就源于此。

二里头遗址兴盛时期的年代为公元前21世纪至公元前16世纪的夏文化时期。是当时我国乃至东亚地区最大的聚落，它拥有我国最早的宫殿建筑群、最早的青铜礼器群及青铜冶铸作坊，是我国最早的王国都城遗址。

二里头遗址对研究华夏文明的渊源、国家的兴起、城市的起源、王都建设、王宫定制等重大问题均有重要的参考价值。二里头遗址包含的文化遗存上至距今5000年左右的仰韶文化和龙山文化，下至东周、东汉时期。

二里头发现的主要遗迹宫城遗址，位于二里头遗址中东部，平面略呈长方形，东西宽近300米，南北长360米至370米，面积达10.8万平方米，四周有墙，墙宽2米，残高0.1米至0.75米。

008
历朝的遗址

聚落 人类各种形式的聚居地的总称。它不单单是房屋建筑的集合体，还包括与居住直接有关的其他生活设施和生产设施，一般可将聚落分为乡村和城市两大类。聚落作为人类适应、利用自然的产物，是人类文明的结晶。聚落的外部形态、组合类型无不深深打上了当地地理环境的烙印。

墙外有环城大路，宫城内发现两组排列有序的宫殿建筑群，分别以一号宫殿、二号宫殿为核心，并有明确的中轴线。

一号宫殿基址面积达1万平方米，正殿居基址中北部，四周有回廊；正殿之南为庭院，过庭院为面阔8间的大门。

三号宫殿建筑基址早于一号宫殿基址百年左右，是最早的宫殿建筑基址。

同时，二里头遗址内有几十座墓葬和手工业作坊，包括铸铜、制玉、制石、制骨、制陶等作坊遗址。二里头宫城距今已有3600多年，可视为以后历代宫城的祖源。

二里头遗址的绿松石器制造作坊中有一件大型绿松石龙形器，器物全长超过70厘米，头宽15厘米，身宽4厘米，由2000余片形状各异的细小绿松石片粘嵌于有机物上，组成龙身和图案，每片绿松石很小。

绿松石龙形体长大，巨头蜷尾，龙身曲伏有致，形象生动传神。龙头略呈浅浮雕状，为扁圆形巨首，鼻、眼则填充白玉和绿松石。

在龙山时代至二里头时代的贵族墓葬中都有大量的绿松石片，这些绿松石片原

琮、圭、璋 均是我国古代用于祭祀的玉器。琮为玉质筒状物；圭为长条形，上端为三角形，下端正方；璋形状如同半个圭。《周礼·春官·大宗伯》记载"以玉作六器，以礼天地四方：以苍璧礼天，以黄琮礼地，以青圭礼东方，以赤璋礼南方，以白琥礼西方，以玄璜礼北方"。

洛水 指我国河南省洛阳市的洛河。传说有神龟出于洛水，其甲壳上有图像，结构是戴九履一，左三右七，二四为肩，六八为足，以五居中，五方白圈皆阳数，四隅黑点为阴数。故称为洛书，古称龟书。

■ **绿松石** 我国"四大名玉"之一，自新石器时代以后历代文物中均有不少绿松石制品，是有着悠久历史和丰富资源的传统玉石。古人称其为"碧甸子""青琅玕"等，因其天然产出常为结核状、球状，色如松树之绿，因而被称为"绿松石"。

来均可能粘嵌于有机物上，而现在无法辨认。因此，这一绿松石龙形器的发现弥足珍贵。

龙形器的用工之巨、制作之精、体量之大，在我国早期龙形象文物中，具有极高的历史、艺术与科学价值。为中华民族的龙图腾找到了最直接、最正统的根源。

二里头遗址发现的双轮车辙，证明早在3700年左右，我国已有了双轮车。而二里头的青铜器是我国最早的一批青铜器，也是世界上最早的青铜器。

二里头遗址晚期的文化层还有大量的玉制品，有琮、圭、璋等礼器。陶制品则更多，有陶塑的龟、猪、羊头以及陶器上刻画的一头二身龙蛇纹、龟纹和人物形象。这些都反映了夏代文化艺术的发展，同时也反映了古代洛阳人民的聪明智慧。二里头遗址让夏朝从传说中走了出来，成了信史。

青铜器三足鼎

阅读链接

二里头遗址是被学术界公认为最引人瞩目的古文化遗址之一。早在1899年和1928年，由于甲骨文的发现和安阳殷墟的发掘，证实了殷商的存在。由此，20世纪50年代考古界提出了夏文化探索的课题。

1959年，我国著名考古学家徐旭生率队在豫西进行"夏墟"调查时，发现了二里头遗址，此后，经考古工作者对二里头遗址数十次的考古发掘，取得了一系列重大收获。从此拉开了夏文化考古探索的序幕。

1977年，夏鼐根据新的考古成果，建议考古界将其主要阶段命名为"二里头文化"。

商代王国缩影的安阳殷墟

殷墟是发现于河南省安阳市小屯村及其周围的商代后期都城遗址，横跨安阳洹河南北两岸，在商代从盘庚至帝纣，在此建都达273年，是我国历史上可以确定确切位置的最早都城，距今已有3300多年

■ 安阳殷墟博物苑

历史。

殷墟遗址的面积超过36平方千米，其中宫殿宗庙遗址、王陵遗址是核心区域，因其大量的甲骨文和青铜器而驰名中外。

商朝在后期叫北蒙，又称殷。周灭殷后，曾封纣王的儿子武庚于此，后因武庚叛乱被杀，殷民迁走，逐渐沦为废墟，故称殷墟。

安阳殷墟遗址具有重要的文化价值。甲骨文的发现和殷墟发掘，确证了我国商王朝的存在，重新构建了我国古代早期历史的框架，使传统文献记载的商代历史成为信史。

在殷墟先后发现了110多座商代宫殿宗庙建筑基址、10多座王陵大墓、洹北商城遗址、2500多座祭祀坑和众多的族邑聚落遗址、家族墓地群、手工业作坊遗址、甲骨窖穴等。

殷墟内有数量惊人的甲骨文、青铜器、玉器、陶器、骨器等精美文物，全面系统地展现出3300多年前我国商代都城的风貌，为这一重要的历史提供了有力证据。

殷墟宫殿宗庙遗址位于安阳洹河南岸的小屯村、花园庄一带，是商王处理政务和居住的场所，有宫殿宗庙建筑基址80多座。

这些宫殿宗庙建筑，以黄土、木料作为主要建筑材料，其建筑多坐落于厚实高大的夯土台基上，房架多用木柱支撑，墙用夯土筑成，屋顶覆以茅草，造型庄重肃穆、质朴典雅，具有我国浓郁的宫殿建筑特色，代表了我国古代早期宫殿建筑的先进水平。

在侯家庄武官村发现了世界闻名的后母戊鼎。它是商后期约公元前14世纪至公元前11世纪铸品，此鼎器形庞大浑厚，其腹部铸有"后母戊"3个字，是商王祖庚或祖甲为祭祀其母所铸。

后母戊鼎身呈长方形，口沿很厚，轮廓方直，显现出不可动摇的气势。鼎形制雄伟，是我国最大最重的青铜器。

后母戊鼎四足中空，除鼎身四面中央是无纹饰的长方形素面外，其余各处皆有纹饰。在后母戊鼎细密的云雷纹之上，各部分主纹饰各具形态。鼎身四面在

■ 鼎 西周的用鼎制度相当严格。按照礼制规定：天子九鼎，"诸侯七、大夫五、元士三"。臣下越制便被视为大逆不道。周天子所用的九鼎，代表着天下冀、兖、青、徐、扬、荆、豫、梁、雍九州。九鼎，是中央政权的象征。国都在哪里，九鼎就安置在哪里，所以我国古代把定都称为"定鼎"，把建立政权称为"问鼎"。

■ 殷墟遗址甲骨文拓片石碑

金石文化 也就是对古器物的研究，从我国的北宋开始，至今已经有1000多年的历史。"金"就是铜的意思，铜器，有铭文，上面有字的铜器；"石"多半指的是石刻，有文字的石刻。然后在这些有文字的铜器和石刻上，依据材料，来核对古代的经济、古代的史书，发现、纠正问题。

方形素面周围以饕餮作为主要纹饰，四面交接处，则饰以扉棱，扉棱之上为牛首，下为饕餮。

后母戊鼎耳外廓有两只猛虎，虎口相对，两虎的中间有一人头。耳侧以鱼纹为饰。4只鼎足的纹饰也匠心独具，在3道弦纹之上各施以兽面。

据考证，后母戊鼎应是商王室重器，其造型、纹饰、工艺均达到极高的水平。是商代青铜文化顶峰时期的代表作。

后母戊鼎的提手纹饰同样精美。两只龙虎张开巨口，中间有一个人头，后世演变成"二龙戏珠"的吉祥图案。一般认为，这种艺术表现的是大自然和神的威慑力。

后母戊鼎的鼎身和鼎足为整体铸成，鼎耳是在鼎身铸好后再装上浇铸的。

我国是世界上出土和保存青铜器最为丰富的国

家，而丰镐地区又是国内出土青铜器最多的地区之一。后母戊鼎充分显示出商代青铜铸造业的生产规模和技术水平，是我国金石文化中的精品。

殷墟的宫殿宗庙遗址，有著名的小屯南地甲骨窖穴、妇好墓、花园庄东地甲骨窖穴等。

殷墟发现的甲骨窖穴共有甲骨15万多片。最著名的有甲骨窖穴、小屯南地甲骨窖穴、花园庄东地甲骨窖穴。

小屯南地甲骨窖穴位于小屯村南部，共有刻辞甲骨5000余片。花园庄东地甲骨窖穴位于宫殿宗庙遗址东南部，共有甲骨1583片，其中刻辞甲骨500余片。

这些甲骨的内容极为丰富，包括祭祀、狩猎、农业、天文、军事等，涉及商代社会生活的方方面面，为甲骨文和商代历史研究提供了极其宝贵的资料。

妇好 商朝国王武丁的妻子，我国历史上有据可查的第一位女性军事统帅，同时她也是一位杰出的女政治家。她不仅能够率领军队东征西讨为武丁拓展疆土，而且还主持着武丁朝的各种祭祀活动，因此武丁十分喜欢她。

古城遗址

■ 安阳殷墟妇好墓

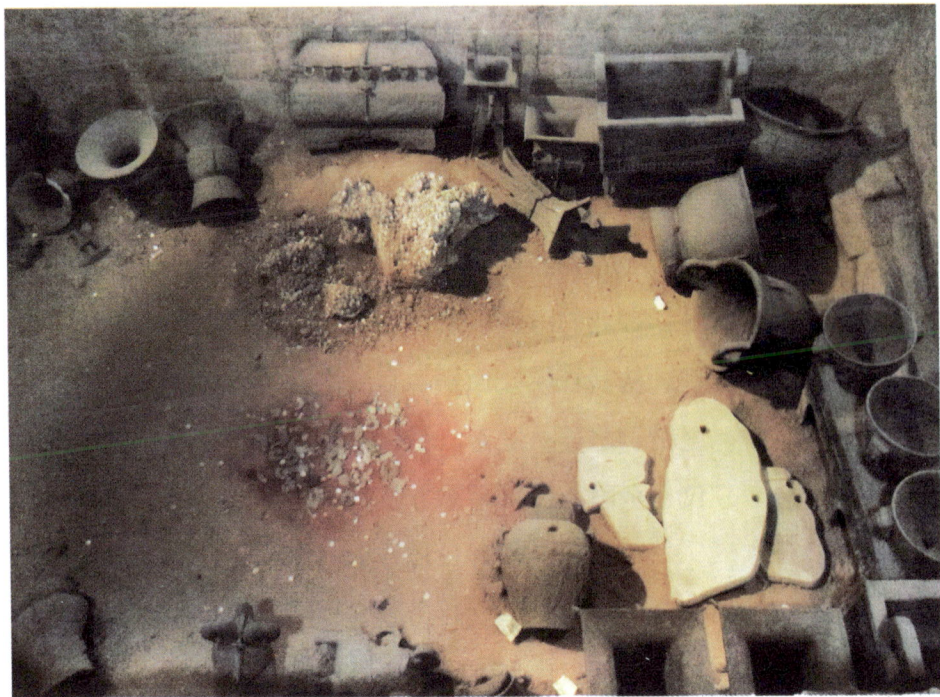

■ 安阳殷墟遗址

戌嗣子鼎 圆形、口沿两直耳，三蹄足。颈部饰兽面纹。其为商代后期器物。器内铭文3行30字，其中合文三。铭文记商某王某年，九月丙午这天，商王在宗庙明堂大室赏赐给戌嗣子鼎贝二十朋，戌嗣子因受荣宠，制作了这件祭祀的宝鼎。铭末"犬鱼"就为戌嗣子所属家族的族徽。

在宫殿宗庙遗址的西南两面，有一条人工挖掘成的巨型防御壕沟。东北两端与洹河的河曲相通，将宫殿宗庙遗址环抱中间，构成了严密的防洪、防御体系，与宫殿宗庙浑然一体，起到了类似宫城的作用。

殷墟有宫殿宗庙区、王陵区和众多族邑聚落遗址、一般墓葬区、手工业作坊区、平民居住区和奴隶居住区、家族墓地群、甲骨窖穴、铸铜遗址、制玉作坊、制骨作坊等众多遗迹，是我国历史上第一个有文献可考，并为甲骨文所证实的古代都城遗址。

古老的洹河水从市中缓缓流过，城市布局严谨合理。从其规模、面积、宫殿的宏伟，出土文物的质量之精、之美、之奇、数量之巨，可充分证明它当时不仅是全国，而且是东方政治、经济、文化中心。

在殷墟王陵区1217号大墓东墓道之北，发现甲字形大墓一座，是这一带新发现的殷墟早期墓葬之一，它确立了殷代王陵区的边界。

在高楼庄的后岗祭祀坑，内埋无头人骨架和铜礼器、武器等，其中发现的戍嗣子鼎有铭文30字，在商代铜器研究中具有重要价值，为殷墟出土的殷代铜器铭文最长的一件。

殷墟青铜礼器的大量出现，证明我国青铜文化已发展到了最高的阶段。以青铜礼器鼎、簋、瓿、爵；兵器戈、矛、钺、刀、镞；工具锛、凿、斧、锯、铲；乐器铙、铃、钲等为代表的殷墟青铜器，形制丰富多样，纹饰繁缛神秘。

层层叠叠的线条把动物形象加以抽象变化，采用极精细的几何纹和深浅凸凹的浮雕，构成形形色色的图案，布局严谨，庄严凝重。

其夸张而神秘的风格，蕴含着深厚粗犷的原始张力和艺术的魅力，反映了殷商先民特有的宗教情感和审美观念。殷墟在青铜冶铸方面辉煌的成就使其成为世界古代青铜文明的中心之一。

在郭家庄发掘墓葬中发现随葬器物共352件，包括铜、玉、陶、石、骨、牙、竹、漆等器类，其中有盖提梁四足鼎和方形器都是极稀见的器物。大多数铜器上的纹饰华丽繁缛，铸造精致。其上还有族徽铭文。在这个墓中，首次发现了一件圆锥形用旧细竹篾编织的小竹篓。发掘殷代车马坑20座，其中大司空村4

钺 我国古代武器及礼器的一种，为一长柄斧头，重量也较斧更大。早在新石器时代良渚文化遗址中，已发现玉制的钺，在当时具有神圣的象征作用。后因形制沉重，灵活不足，只作为仪仗用途，常作为持有者权力的表现之用。

■ 殷墟甲骨文

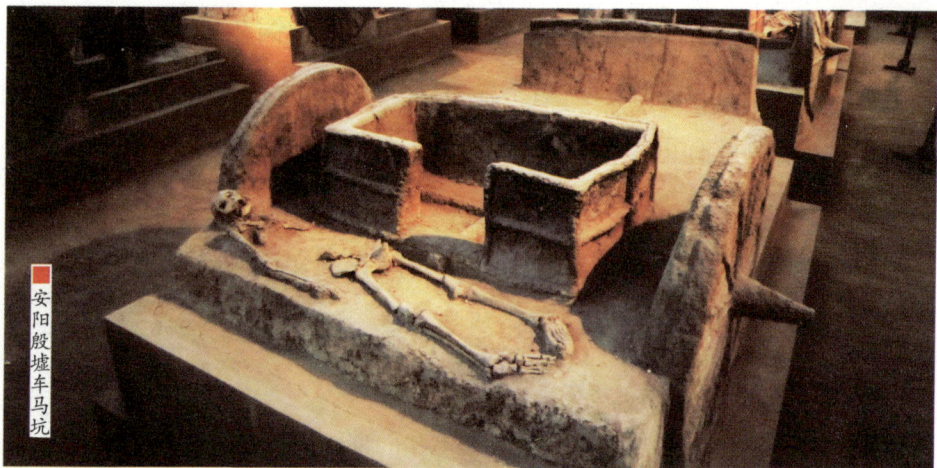
安阳殷墟车马坑

座，殷墟西区7座，郭家庄之西南4座，刘家庄北地5座。这些马车遗迹，均是一车两马驾辕。

殷墟不是一座简单的建筑物，它是一座都城。都城是一个国家的政治、经济、军事和文化礼仪中心。它是一个王国的缩影，是其他任何遗产没办法比的。殷墟记载并凝聚着中华民族的历史和风采，商殷先民在创造和传播东方文明中留下了不朽的功绩。

阅读链接

早在1899年，金石学家王懿荣在北京发现中药店中所售龙骨上刻有一些很古老的文字，即甲骨文，意识到这是很珍贵的文物，于是开始重金收购。

在20世纪20年代后期，发掘殷墟，不仅是金石学者的迫切要求，也是我国所有了解殷墟的爱国人士的共同心愿。

1928年，我国国家学术机构第一次全面开始殷墟考古发掘，这是我国学者独立主持的考古发掘，培养了一批批的考古学者，殷墟也成为我国考古学的摇篮。

至1986年，已经对10多个点进行了20多次的发掘，获得了刻字甲骨约15万片。

2006年，殷墟因具有全球突出普遍价值和良好的管理与展示，在第三十届世界遗产委员会会议上被列入《世界遗产名录》。

最久的曲阜鲁国故城

曲阜鲁国故城是周代鲁国都城遗址，位于山东省曲阜市。周成王封周公旦的长子伯禽于鲁，并建都于曲阜，至公元前249年鲁亡于楚，历时900余年，先后传25世34君，是周王朝各诸侯国中沿用时间最长的都城之一。

曲阜鲁国故城

■ 曲阜孔庙石碑

鲁国历经鲁公伯禽、考公酋、炀公熙、幽公宰、魏公晞、厉公擢、献公具、真公濞，一直都是周室中很强盛的番国，震慑并管理东方，充分发挥了宗邦的作用。此时的鲁国国力之强，使得国人和夷狄之民"莫我敢承""莫不率从"。

鲁国成为典型周礼的保存者和实施者，世人称"周礼尽在鲁矣"。各国诸侯了解周礼也往往到鲁国学习，鲁国是有名的礼仪之邦。

曲阜鲁国故城分为外城和内城两部分。外城平面呈不规则的圆角长方形，城的四周围有城壕；东、西、北三面各辟城门3座，南面辟有城门2座，门道宽7米至15米。

而南面两座门的外侧有夹门的墩台，应该就是《左传》记载的雉门及其两观。

内城在外城的西南角，平面近方形，东、西、北三面残存地下的城垣宽10米左右。内城的中心有一片高地，是春秋至西汉的鲁王宫殿区和太庙的所在地，宋代在高地建立的周公庙，保存至今。高地的四周分布着衙署、商业区和住宅区。

城内已探出东西和南北的通路各 5 条，皆与城门

《左传》原名为《左氏春秋》，旧时相传是春秋末年左丘明为解释孔子的《春秋》而作，实质上是一部独立撰写的史书。它以《春秋》为本，通过记述春秋时期的具体史实来说明《春秋》的纲目，是儒家重要经典之一。

和重要遗址相通。宫城南有宽约15米的道路通向南墙东门，直指城南的夯筑台基。宫城、南东门、"舞云台"呈直线排列。道路北段两侧各有3处大致对称的建筑基址，形成鲁城内一条由最重要建筑物构成的中轴线。

这和《周礼·考工记·匠人》所记载的国都规划相似，而与其他东周都城不同，可能反映了西周都城的设计思想。

西周前期的遗址多分布在大城西北部，西周晚期扩大到东北部。东周遗存则遍布全城。故城的北部和西部是冶铜、冶铁、制骨、烧陶等手工业作坊遗址，排列十分密集。

大城西部分布6处西周和东周的墓地，有墓葬200余座，墓葬可分甲、乙两组，甲组墓几乎都是小型陶

春秋 我国历史阶段之一。公元前770至公元前403年，我国儒家文化的创始人孔子曾经编了一部记载当时鲁国历史的史书，名叫《春秋》，所以后人就将这一历史阶段称为春秋时期，基本上是东周的前半期。

021

先秦时期

古城遗址

■ 曲阜鲁国古城墙

器墓，乙组墓有小型陶器墓，也有大中型铜器墓。

曲阜故城墓葬中的大型东周墓的墓室面积达一二百平方米。西周、春秋墓的铜器组合和器形与中原地区一致。可能乙组墓是周人墓，甲组墓是土著墓。这两组墓葬和遗址出土的陶器表明鲁文化是融合了周文化和山东商代文化等形成的。

墓区内存有许多的青铜、陶、骨、蚌等器物，以陶器为主。器形主要有鬲、甑、盆、豆、罐、瓮、钵、盂、盘、鼎、釜、洗、折腹盘等。春秋时期出现盘、盖豆、鼎、釜；战国时期出现洗和折腹盘。

西周、春秋陶器普遍饰绳纹，流行凹弦纹，春秋时出现暗纹。战国时期，绳纹逐渐衰退，暗纹、瓦纹流行。此外，发现少量西周的筒瓦、板瓦和大量东周、汉代瓦。汉代瓦当多为卷云纹图瓦当。

■ **洗** 是文房四宝笔、墨、纸、砚之外的一种文房用具，是用来盛水洗笔的器皿，也是历朝皇宫和贵族文人收藏和使用的佳品。洗最早见于西晋青釉制品，敞口、宽折沿、阔腹直壁、平底。洗沿和里心多刻画水波纹。宋代以后均有烧制。如仿古铜器式样的青釉双鱼洗、鼓钉洗、圆洗、单柄洗、葵瓣洗、委角洗、蔗段洗、莲花洗、桃式洗、叶式洗等。

曲阜鲁国故城遗址的两座战国时代的大型墓葬中，各发现了一件"痒痒挠"。说明早在2000多年前的战国时代，就已经有"痒痒挠"了。

这两件"痒痒挠"都是用象牙雕刻而成的，前部雕成人手形状，拇指竖直，其余四指并拢弯曲。四指指甲平齐，正好用来挠痒，其柄尾端还雕成兽头状。

这两件"痒痒挠"雕刻得如此精细，既实用又美观，说明"痒痒挠"绝不是在战国时代才发明的。

曲阜故城遗址中的这些随葬品带有商文化和周文化的共同特征，这也证明了周代鲁文化是综合了商文化和周文化等因素而形成的。

阅读链接

中华人民共和国成立后，山东省于1956年成立曲阜县文物管理委员会，1958年开始对曲阜故城遗址进行钻探和试掘。1977年至1978年，山东省博物馆做了详细勘察和发掘，揭示了故城的概貌。

同时，山东省文物管委会规划出重点保护范围和一般保护范围，建立了科学记录档案和群众性的保护组织。

胶东王齐下都的即墨故城

　　即墨故城又称朱毛城或康王城，位于山东省平度市古岘镇大朱毛村一带，因古墨水河而得名。古即墨城始建于春秋后期，战国时代发展成为齐国东部即今胶东半岛地区的政治经济文化中心。

■ 平度市古岘镇风景

即墨是当时齐国仅次于临淄的一大重镇。《史记》中苏秦曾称赞说："齐有琅琊、即墨之饶。"可见当时即墨故城雄伟壮观，富庶繁荣。据《左传·襄公六年》载："十一月，齐侯灭莱"，乃建此城于原莱国之中，北依群山，南控芥菑。田齐时候建造城邑，封重臣为即墨大夫。

■ 黑陶双耳壶

齐湣王时，燕国大将乐毅破齐70余城，只有莒和即墨久攻不下，齐将田单离开安平，固守即墨，大摆火牛阵在即墨大破燕军，收复了所有齐国的失地。这就是历史上著名的"田单破燕"事件。

秦灭六国后，以即墨城为郡治设胶东郡。楚汉战争中，项羽分齐地为三，迁齐王田市为胶东王，以古即墨城为都，设胶东国。韩信破齐，齐将田既逃离胶东，曹参于此地将其杀之。汉设即墨县，又继续成为王国都城。

西汉前期三封胶东王，康王刘寄及其子孙传国直至西汉之末。后历东汉、魏晋、十六国，直到公元556年，即墨废县，该城逐渐倾圮。

公元596年，隋重设即墨县，移县城于旧不其县境，即今之即墨市区。

现存即墨故城遗址可能是西汉胶东王城，地面有城墙遗存，即墨故城分内城和外城，全为夯土版筑。

内城有金銮殿、点将台、东西仓、贮货湾、养鱼

苏秦 字季子，战国时期周王室直属洛阳人，出身农家，素有大志，曾随鬼谷子学习纵横捭阖之术多年。苏秦最为辉煌的时候是劝说六国国君联合，堪称辞令之精彩者。于是身佩六国相印，进军秦国。后世敬仰其成就，以"苏秦背剑"来命名武术定式，十分形象，通俗易懂，更取其纵横捭阖之意。

孟姜女 我国古代爱情传说故事中的人物。传说其丈夫为秦始皇修长城多年不归，孟姜女千里送寒衣，得知丈夫死讯痛哭不已，竟然哭倒了长城八百里，后不堪秦始皇的凌辱投海自尽。孟姜女的传说，一直以口头传承的方式在我国民间广为流传。

十八罗汉 指佛教传说中18位永住世间、护持正法的阿罗汉，由十六罗汉加二尊者而来。他们都是历史人物，均为释迦牟尼的弟子。十六罗汉主要流行于唐代，至唐末，开始出现十八罗汉，到宋代时，十八罗汉开始盛行。

■ 燕明字刀币

池、梳妆楼等遗迹。当时的运粮河也就是现在的小沽河，通过东南城门洞，可直接驶入贮货湾内，至今城墙缺口尚存。

即墨故城地下一带常发现铜器、铁器等，20世纪早期曾拉出一窟20大车古钱币。

故城墙一带一次发现的"燕明字刀币"达28千克，另有弩机、铜钫、剑、戈、刀、币、铁钱范等。

即墨故城素有"朱毛城，临淄土"之称。传说当年建城墙所用的砖瓦，都是人工从临淄运过来的。当地"二贞庙""洗心河"等类似孟姜女的传说，反映了当时百姓不堪于苦役的心理。

即墨故城是历史上不少朝代王、侯的陪都和封地，是胶东名城，在1000多年的时间里，前后共有八王、六侯、一相治此。这些王公贵族的墓群大多都建在距即墨故城10千米左右远的六曲山脉上，形成了一个规模宏大、蔚为壮观的古墓群——六曲山古墓群。

六曲山古墓群东起龙虎山，西至窟窿山，分别在古岘、云山、麻兰镇的10多个村的30余个山头上，共有360余座，绝大部分为汉代墓，其中大型墓20余座，中型墓60余座，其余为小型墓。

其中最大的是西汉景帝之子康王刘寄的康王坟。康王坟坟头之大，大于山丘，坐落于山顶，下部有排水洞，均用石头砌成，其遗墟尚存，整个康王坟占地近2万平方米，整体呈上窄下宽的"凸"字形，坟高40余米。坟头坐落于山顶，土质坚硬结实，与自然山头有很大不同，一座康王坟竟大于山丘，足见坟墓之大，地下宝物之丰厚。民间一直有"打开康王坟，山东不受贫"之说。

在康王坟山坡前，修有康陵寺，距今已有2000多年。1775年清乾隆下令重修，佛殿门前有壮观的大匾，宏伟的大山门，有和尚撞钟的钟楼，有烧香火的香坛。

康陵寺分东西二厢，东厢住和尚，西厢住尼姑，分前后二殿，前殿3间，塑有四大天王、八大金刚像，惟妙惟肖。

后殿5间，塑有西天活佛，十八罗汉，形象逼真。此庙兴盛于世，闻名百里，前来敬香祈福者众。

阅读链接

刘寄谥号康王，是即墨故城历史上的一个重要人物，曾"私作兵车镞矢，战守备"，谋图配合淮南王叛反，未果，后因此事而死。康王临死之际，在一处山脚下安好墓穴，因为生前他儿子老喜欢照他的话反着做，所以康王反着自己的意思说，我死后葬在山顶上。

不料，刘寄之子为了尽孝心，照康王说的话做了，将他葬于山顶之上。但山顶上很显眼，为了防止后人盗墓，又在其旁筑了很多大墓，以此混淆真假，当时曾有民谚说："康王坟、康王坟，离离落落到京门"。

战国最大都城燕下都

　　燕下都遗址位于河北省易县东南，北易水与中易水之间，是战国时期燕国都城的遗址，也是战国都城中面积最大的一座。燕下都遗址保存较完整，年代较集中，是反映战国时期城市发展的有代表性的城址。

　　西周武王灭商后，分封召公于北燕，成王时召公之子立国，建都

■ 燕下都遗址

兽面纹瓦当

于蓟，即今北京，后世称"燕上都"。后来燕国迁都于易水河畔，称为"下都"。

燕下都创建时间约在公元前475年。历经易王、昭王、惠王、武成王、孝王、喜王共百余年。公元前222年秦灭燕，城即被废弃不用。

燕下都遗址平面呈长方形，城的中部有纵贯南北的运粮河故道，与河平行筑有一道隔墙，将城分为东西二城。东城分为宫殿区、手工业作坊区、居民区、墓葬区、古河道区5个部分。

宫殿区在城的东北部，由武阳台、望景台、老姆台等建筑基址组成，由南向北形成一条轴线。其中主体建筑武阳台最大，高11米，分上下两层，台东西最长处约140米，南北最宽处约120米，它相当于燕下都全城的制高点。

燕下都以高大的夯土台基为主要特点的宫殿群遗址，反映了战国时期城市建筑的巨大规模和城市经济、文化的高度发达。武阳台东北、东南和西南，分别是以小平台、路家台、老爷庙台3座夯土台基为主体建筑的宫殿建筑组群。城内有制作铁器、兵器、骨器、陶器、钱范、钱币等的手工业作坊遗址，皆靠近古河道的南支和北支。

王制 指合乎王的制式，是指古代君主治理天下的规章制度，内容涉及有封国、职官、爵禄、祭祀、丧城、刑罚、建立城邑、选拔官吏以及学校教育等诸多方面的制度。我国经历了漫长的君主制时代，王权政治的传统绵延几千年。

■ 燕下都遗址

墓葬区设于城的西北角，有九女台和虚粮冢两个墓区，王侯贵族墓葬按尊卑等级排列得井然有序、有条不紊。墓葬中有大量的珍贵遗物。

东城遗址保存较好，城垣轮廓清晰可辨，残垣断壁，历历在目。城内发现了许多兽首陶水管、筒瓦、板瓦等建筑构件，这些建筑构件的做工大都十分讲究。

东城的西北隅有两个公室墓区。隔墙以北的公室墓区俗称虚粮墓区，有13个高大的封土堆，由北向南分成 4排。从其中的遗物看，虚粮墓区应是战国晚期燕国的王陵区。

隔墙和古河道以南的公室墓区俗称九女台墓区，有10个封土堆，由北向南分成3排，最南一排仅1座，在墓区的西南角。九女台墓区残存有仿铜的陶镬鼎2尊、大牢九鼎1套、大牢七鼎2套、羞鼎4件、陶2套。

■ 青铜剑

鼎之数合乎王制。九女台墓区可能是战国晚期以前的燕国王陵。

凸城平面略呈刀形，北垣中部偏东向外突出部分，习称斗城，无东垣，是东城的附属建筑，年代当晚于东城。

西城城垣系分段用夹板夯筑而成，西垣中部有城门一座。西城内的文化遗存较少，可能是为军事防御需要而增建的郭城。

燕下都遗址有4条古河道。"运粮河"在城址中部，沟通南北易水；另一支向东折转向南，流出东城，注入城外护城河。城内这两条古河道分别将宫殿区与手工业作坊区、手工业作坊区与墓葬区隔开。

还有一条古河道为东城东墙外的护城壕。这些河道当时在城市规划上起到了保护宫殿区和解决城市供水排水作用。

燕下都遗址中发现我国唯一完整的战国铜俑，前额上发分左右向后梳，头巾垂于脑后，身着右衽尖顶窄袖长袍，方领口，腰带两端有带钩连接。而在武阳台发现的铁胄为我国首次发现淬火钢器的制作技术，

易水 河流名，在河北省西部。源出易县境内，入南拒马河。夏朝时期，易水流域有个民族叫有易氏。从公元前1700多年到战国后期的公元前296年，有易氏、白狄、鲜虞、中山国世居易水。燕昭王迁都于易水建燕下都，在这里高筑黄金台，招贤纳士，使得燕国一度强盛起来。燕太子丹派荆轲渡易水西去刺秦王，留下了千古绝唱。

■ **铺首** 我国房屋的门扉上修饰的环形饰物，大多呈兽首衔环之状。以金为之，称金铺；以银为之称银铺；以铜为之，称铜铺。兽首衔环是兽面纹样的一种，有多种造型，嘴下衔一环，用于镶嵌在门上的装饰，一般多虎、螭、龟、蛇等形，为表示避祸求福，祈求神灵像兽类敢于搏斗那样勇敢地保护自己家庭的人财安全。

其历史提早了2个世纪。其他如铭文铜戈，刻铭记重的金饰件，大型宫门铜铺首都是极为珍贵的瑰宝。

遗址中的铁器较其他都城为多。我国古代南方铁器较北方先进，楚国在锻钢技术方面更为进步。燕下都的铁制兵器剑、矛、戟、镦，经过分析证明，燕国不但掌握了锻钢铸造技术及其工艺，而且其淬火铜器在我国古遗物中是最早的，比欧洲的同类技术早1000多年。

燕下都的陶器早期以夹砂灰陶为主，晚期以泥质灰陶为主。以云母片为羼和料的粗红陶，则是燕国最富特征的陶器。

燕下都周围有荆轲塔、镇陵塔等与战国文化相关联的地点，览千古遗址，看易水东流，遥想当年燕太子丹为荆轲饯行的壮烈情景，不禁使人生发出燕赵自古多慷慨悲歌之士的感叹。

阅读链接

1930年，著名的考古学家马衡主持对燕下都老姆台等遗址进行了发掘。1961年，国务院公布燕下都遗址为全国重点文物保护单位。同年，河北省文物工作队对遗址进行了全面的勘察发掘，揭示了燕下都遗址的原貌。

2001年，燕下都遗址被评为"中国20世纪100项考古大发现"之一，同年，国家文物局又将其列入百项重大遗址保护项目。

王朝遗梦

　　中古时期是指我国秦汉至隋唐时期，从公元前221年秦始皇横扫六国统一全国开始，经西汉、东汉、三国魏晋南北朝，直至公元581年隋文帝杨坚灭掉北周建立隋朝止。

　　在这800多年的历史中，我国在朝代更迭中，民族、文化也充分融合，尤其是各个王都、国都纷纷在各地建立，主要有秦王宫咸阳、汉长安古城、高句丽王城、汉魏洛阳故城、楼兰故城等。

大秦第一都的咸阳

秦咸阳遗址是我国战国后期秦国都城遗址，位于陕西省咸阳市以东的咸阳原上、渭河的北岸。自公元前350年秦孝公由栎阳西迁，到秦完成统一大业和最后覆亡，这里作为秦国和秦王朝的首都达144年之久。是当时全国的政治、经济和文化中心。

公元前350年，秦孝公迁都咸阳，商鞅首先在城内营筑冀阙，以后历代秦王又增建了许多宫殿。

秦始皇统一全国的过程

商鞅雕像

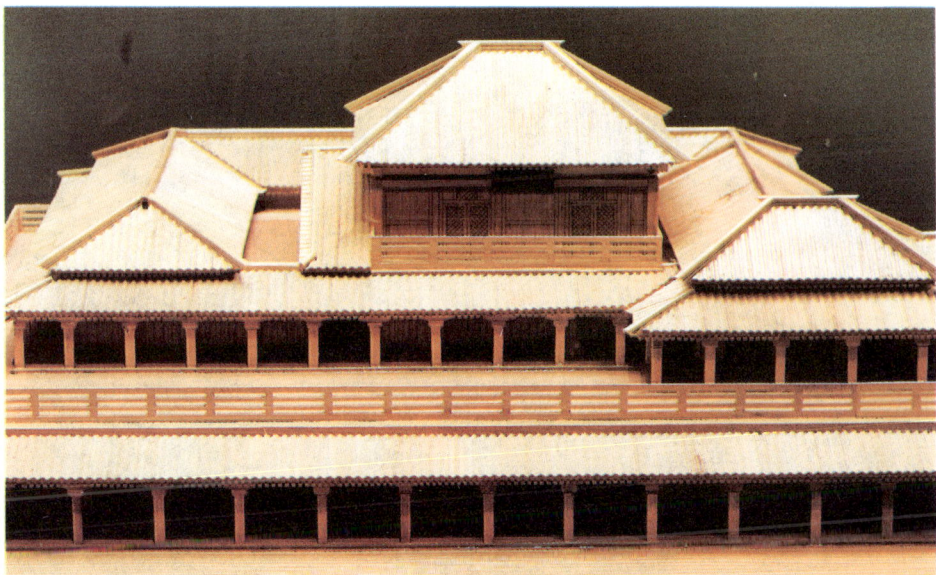

中，吸收了关东六国的宫殿建筑模式，在咸阳原上仿建了六国的宫室，扩建了皇宫。整个咸阳城"离宫别馆，亭台楼阁，连绵复压三百余里，隔离天日"，各宫之间又以复道、甬道相连接，形成当时最繁华的大都市。

■ 咸阳宫复原模型

唐朝著名诗人李商隐曾作《咸阳》诗一首，描述了当年咸阳的奢华以及秦灭的教训：

咸阳宫阙郁嵯峨，六国楼台艳绮罗。
自是当时天帝醉，不关秦地有山河。

秦咸阳遗址总面积15万平方米。城址中部偏北有周长约2.7千米的夯土墙基。平面呈不规则长方形，似为秦咸阳城的宫城。宫墙以北有一条与宫墙平行的大道，路面呈鱼脊形，两旁有排水沟。

在咸阳城址北部的阶地上，约相当于城中轴线附

商鞅（约前390—前338年），姬姓，公孙氏。我国战国时卫国人，又称卫鞅、公孙鞅。应秦孝公求贤令入秦，在秦执政约20年，说服秦孝公变法图强，史称"商鞅变法"，使秦国大治，为后来秦国统一六国奠定了基础。

历朝的遗址

■ 咸阳出土陶器

兰池宫 秦始皇十分迷信神仙方术，曾多次派遣方士到东海三仙山求取长生不老之药，当然毫无结果。但乃退而求其次，在园林里面挖池筑岛，引水为池，模拟海上仙山的形象以满足他接近神仙的愿望，并在池旁建筑了兰池宫。

近的地方，有一组高台宫殿建筑遗址，它坐落在秦时的上原谷道的东西两侧，分为跨沟对峙的两部分。

西侧遗址保存较为完好，经过遗址复原后可知这是一组东西对称的高台宫殿，由跨越谷道的飞阁把两者连成一体，是极富艺术魅力的台榭复合体。遗址可分若干个小室。

南部西段的5室排成一列，西边的4室是宫妃居住的卧室，出土有内容丰富的壁画和一些陶纺轮。最东一室内有取暖的壁炉及大型的陶质排水管道，推测可能是浴室。浴室的一角是贮存食物的窖穴。

主体宫室建在高台之上，地表为红色，即所谓的"丹地"，门道上有壁画痕迹，表明这曾是最高统治者的厅堂。

在宫室的西南方，还有一处结构十分复杂的宫殿遗址。有一条阁道，两侧满饰彩色的壁画，壁画内容是秦王浩浩荡荡的车马出行图，其中有车马、人物、花木、建筑等题材。

古代的宫廷壁画因为大都毁坏无存，所以这些保存下来的秦代的宫室壁画，具有很高的价值，在我国建筑史和美术史上占有重要的地位。

宫殿区以东，线上为兰池宫遗址所在，经勘探，已发现夯土建筑遗址6处。

在宫殿区以北的泾水畔，为望夷宫遗址所在，其北部已因泾水南移而崩塌，现存夯基东西98米，南北34米。

宫殿区西面附近有铸铁、冶铜和制砖瓦的遗址，城外西南部，距宫殿区约4千米的渭水旁有制陶和制骨器遗址，发现有陶窑、水井、窖穴和排水道，同时还发现3个铜器和铁器的窖藏坑。

墓葬区在城外西北隅原上，均属战国中期至秦末的中小型墓。遗址中以砖瓦、瓦当等建筑材料为大宗，另有铁器、铜器、兵器、货币和陶器等。

砖有两种规格，一种是用于踏步的大型长方形空心砖，砖面多数饰以多种内容的龙纹、凤纹及回纹。

另一种是用于铺地或镶砌廊边的小型长方形和方形的扁砖，砖面多模印菱形方格纹、菱形纹、太阳纹

回纹 指我国民间称为"富贵不断头"的一种纹样。因为它是由横竖短线折绕组成的方形或圆形的回环状花纹，形如"回"字，所以称作回纹。

龙纹 又称为"夔纹"或"夔龙纹"。在我国古纹样装饰中，龙纹占有十分重要的地位，被大量装饰在玉石、牙骨、陶瓷、织绣和服饰等许多方面。在封建时代，又将它与佛教、道教的神话结合起来，赋予它新的神秘色彩。尤其在宫廷艺术中，更是充满了龙的装饰。

■ 汉代画像砖

蚁鼻钱 战国时期楚国的铜币。因其形象得名。形状为凸面椭圆形，似海贝。正面有阴文，常见"贝"字；少数为"君""圻"等，意义不明。又称鬼脸钱。

带钩 是古代贵族和文人武士所系腰带的挂钩，古又称"犀比"。多用青铜铸造，也有用黄金、白银、铁、玉等制成。其起源于西周，战国至秦汉广为流行。带钩是身份象征，带钩所用的材质、制作精细程度、造型纹饰以及大小都是判断带钩价值的标准。

和回纹。

瓦分板瓦和筒瓦，体型较大，瓦背饰绳纹。瓦当大多为卷云纹圆瓦当，也有少量的半圆形和圆形素瓦当。在一些板瓦、筒瓦和少数砖面上，戳记着文字印鉴，有一字式、两字式和四字式3种，款式有正方形、圆形、倒梯形。一字式和两字式字体多为小篆，四字式篆隶两体。

根据陶文内容可知，宫殿建筑使用的砖瓦主要来自中央官署控制的作坊，也有少量使用民营生产的。

秦咸阳遗址还有3处窖藏，其中北沙坑中发现熔烧变形的铜器和铁器500千克，尤其是有完整秦始皇诏版一件。

南沙坑有铜器280多件，包括生活用具、钱币、兵器和车马器，以及3件铜诏版。西南沙坑的320余件铜器大多残损，其中铜人头像一尊，制作颇精，另有秦二世诏版一件。

遗址发现的货币中除"半两"外，还有来自关东诸国的梁正尚百当孚、殊布当圻、平首方肩足布、齐法化刀、易刀、尖首刀、古刀和"蚁鼻钱"和楚国金币郢爰、陈爰。

咸阳宫殿遗址的陶器下腹发现有"咸X里尼""咸亭完里丹"和"咸阳成申"

■ 度量衡

蚁鼻钱

等文字印鉴。而墓葬中的随葬品以陶器为主，有罐、豆、壶、盂、盘、釜、甑等，此外，还有少量铁锸、铁削、铁剑、玉印章、玉璧、玉琢和铜镜、铜带钩。

阅读链接

1959年，陕西省考古研究所和陕西省文物管理委员会联合对咸阳城遗址进行了考古调查和发掘，到1961年，在咸阳市窑店乡牛羊村附近发现了秦咸阳宫殿遗址。

探明秦咸阳中心位置在今窑店镇一带，城区范围未见明显界限，大致为北起窑店镇以北二道原下，南至渭河以南西安市三桥镇巨家庄，西起塔尔坡，东到柏家嘴。在渭水两岸几十平方千米内分布着极为丰富的文化遗存。

1973年至1982年，对位于宫墙之内的1号遗址西半部和2号、3号遗址进行了发掘。1980年，陕西省考古研究所建立咸阳秦都考古工作站，全面负责城址的勘察和发掘工作。对已发掘的1号和3号遗址划定范围，征地保护。

第一大都会的汉长安

汉长安城位于我国陕西省西安市西北，存在于公元前202年至公元8年。是我国历史上第一个国际大都会和当时世界上规模最大的都城，是我国历史上建都朝代最多、历时最长的都城，是汉民族文化形成过程中的中心。

汉高祖刘邦

汉长安古城也是我国规模最大、保存最为完整、遗迹最为丰富、文化含量最高的都城遗址。

汉长安城遗址的发现，探明了汉代长安城的布局和结构，为研究我国古代都城史提供了重要的实物资料。

公元前202年，汉高祖刘邦打败项羽建立大汉王朝，最初计划建都洛阳，后来听从娄敬、张良等人建议，认识到关中战略地位的重要性，决定定都关中。刘邦决定首先修复兴乐宫，并改名为长乐宫，以此为基础，兴建都城，取用当地一个乡聚的名称，名为长安城。

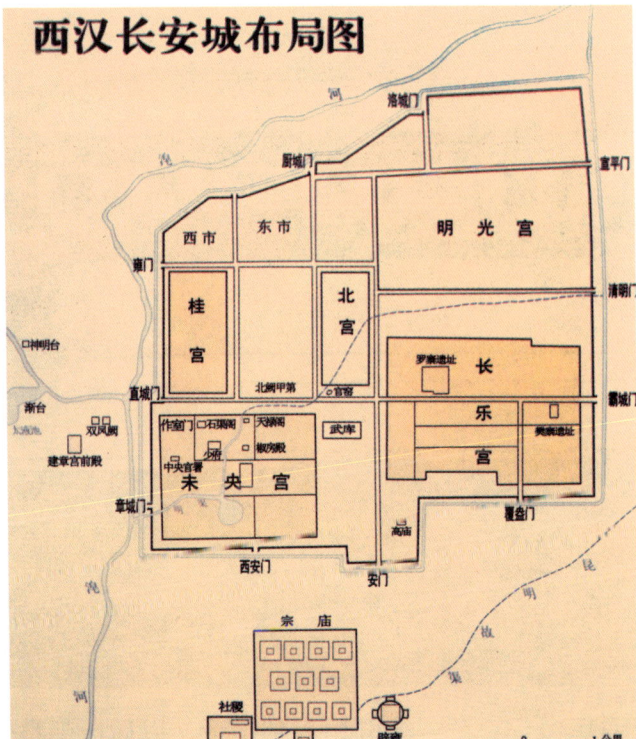

■ 西汉长安城布局图

汉长安占城主要有城墙、长乐宫、未央宫前殿遗址、椒房殿遗址、官署遗址、少府遗址、天禄阁遗址、石渠阁遗址、武库遗址、桂宫鸿宁殿遗址、罗寨遗址、樊寨遗址、讲武殿遗址、楼阁台遗址、未央宫夯台遗址等。

汉长安城的城墙均为版筑土墙，墙高8米，墙基宽16米。东城墙长5.9千米，南墙长6.25千米，西墙长4.55千米，北墙长5.95千米，共有12座城门。

城内分为9个市区，街道宽阔平整，规划整齐。长乐宫、未央宫、建章宫是汉长安城最著名的三大宫殿群。

长乐宫位于城的东南部，由一系列建筑构成，整座宫室规模很大，宫内的主要建筑是长乐宫前殿。未央宫位于城的西南部。仅长乐、未央两宫就占去汉长安城内一半面积。西汉诸帝仅刘邦常居长乐宫，从惠

张良 字子房，今河南省宝丰县李庄乡古城村人。汉高祖刘邦的重要谋臣，与韩信、萧何并列为"汉初三杰"。被封为留侯。他以出色的智谋，协助汉高祖刘邦在楚汉战争中最终夺得天下，他精通黄老之道，深知"日中则移，月满则亏"的道理，不留恋权位，避免了韩信、彭越等"兔死狗烹、鸟尽弓藏"的下场。

■咸阳汉阳陵建筑

《三辅黄图》

又名西京黄图，简称黄图。其记载了秦汉时期三辅的城池、宫观、陵庙、明堂、辟雍、郊畤等，间涉及周代旧迹。各项建筑皆指出所在方位，所以，过去便一向将其视作一种记述城市状况的文献。所载长安城及其周围的布局、宫殿、馆阁、苑囿、池沼、台榭、府库、仓库、桥梁、文化设施、礼制建设等，条分缕析，极为详备。

帝开始直到平帝，以后历朝皇帝均常居未央宫，而将长乐宫作为太后的寝宫。

未央宫的主体建筑也似前殿，其规模与长乐宫前殿大体相当，是皇帝朝会诸侯群臣的场所。

建章宫在西城外的上林苑，占地也十分广阔，保存下来的遗迹甚多，如北阙、凤阙、太液池及其他一些殿阁的夯土台基仍清楚可见。

另一所重要建筑为长信宫，位于长安城内东南隅，是皇太后在长乐宫中的常住殿宇。古代地理书籍《三辅黄图》中说："长信宫，汉太后常居之。"

武库遗址位于长乐宫和未央宫之间，平面为横长方形，四面有夯土围墙，内有库房基址7处，发现了一批铁兵器和铜兵器。

因城墙建于长乐宫和未央宫建成之后，为迁就二

宫的位置和城北渭河的流向，把城墙建成了不规则的正方形，缺西北角，西墙南部和南墙西部向外折曲，过去称长安城"南为南斗形，北为北斗形"，因此也称为"斗城"。

全城12个城门每门3个门道。东面自北而南为宣平门、清明门、霸城门，南面自东而西为覆盎门、安门、西安门，北面自西而东为横门、厨城门、洛城门，西面自北而南为雍门、直城门、章城门。

汉长安城内的街道布局，古人有"八街九陌"的说法，据《长安志》记载：长安城中的8条大街，分别是华阳街、香室街、章台街、夕阴街、尚冠街、太常街、藁街和前街。

安门、清明门、宣平门、洛城门、厨城门、横门、雍门、直城门8个城门相通的8条城外大道，加上章城门外便门桥大道，构成古代文献上所说的"长安九陌"。

汉长安城及城内宫殿遗址中有大量的建筑材料、汉俑、简册、秦汉封泥等，这些都是研究汉代历史的重要实物资料。

■ 王莽（前45年～23年），字巨君，为西汉外戚王氏家族的重要成员，其人谦恭俭让，礼贤下士，在朝野素有威名。西汉末年，王莽被看作是"周公再世"。公元8年，王莽代汉建新，建元"始建国"，宣布推行新政，史称"王莽改制"。

据文献记载，汉长安城的一般居民区共划分为160个里，但流传下来的里名总共只有十几个。在长安城北面的横门东西两侧，设有9个市进行交易；另外在覆盎门外也设有市，城南还有专门交易书籍的"槐市"。

柱础 我国古代一种建筑构件，又俗称磉盘，或柱础石，它是承受屋柱压力的奠基石，凡是木架结构的房屋，可谓柱柱皆有，缺一不可。古代人为使落地屋柱不致潮湿腐烂，在柱脚上添上一块石墩，就能使柱脚与地坪隔离，起到绝对的防潮作用；同时，又加强柱基的承压力。因此，人们对础石的使用均十分重视。

南郊的礼制建筑群遗址，以汉辟雍和王莽九庙遗址规模最大，保存较完整。

辟雍遗址平面外圆内方。中间为一座直径62米的圆形夯土台，台上有平面呈"亞"字形的主体建筑基址，包括主室和四隅的夹室，四边有4堂。这组中心建筑外围方形夯土墙，四面辟门，四隅有曲尺形配房。围墙外边为圜水沟，沟壁砌砖。圜水沟与四门相对处各有一小水沟围绕。

王莽九庙遗址共发现12座建筑基址。这12座建筑基址的形制基本相同，中心是平面呈"亞"字形的主体建筑，外有近方形的围墙，墙的四面辟门。石础上有"始建国"年号，其位置和规模，都与《汉书·王莽传》所载的"王莽九庙"相符。

在汉长安城内外还发现汉代制陶、铸钱、冶铸等作坊遗址，如城西北角的六村堡、相家巷一带，发现烧造陶俑和铸铁的作坊遗址。

未央宫北的石渠阁遗址，城东阁新村附近的离宫遗址，城西建章宫范围内的好汉庙、窝头寨，城东南的老君殿、枣园村，昆明池南沧浪河畔的西赵村，城东清明门外等处，都发现有汉代的铸钱作坊遗址。

直城门附近则发现了制造兵器的陶范；在城西南角墙外约300米处还发现铜锭10块。

汉长安城遗物非常丰富，以陶质砖瓦建材的数量最多，还有铁器、铜器、石器、金属货币等。各个建筑遗址内部都发现有大批的建筑材料，如绳纹板瓦、筒瓦、脊瓦，云纹瓦当，"长乐未央""长生未央""长生无极"与"天无极""千秋万岁"等文字瓦当，回纹方砖、方格纹方砖、素面长条砖以及圆筒形陶水道、陶井圈、石柱础等。

铁兵器有刀、剑、矛、戟、镞、铠甲等；铁工具有斧、锛、凿、锤、釜等。铜器有鼎、钫、钟、釜及铜戈、铜镞等。

货币有马蹄金、麟趾金和汉半两、五铢及

老君　我国道教对老子的神化称呼，又称"太上老君"。多种道教经典对老子有各种神化说法，大致说老子以"道"为身，无形无名，生于天地之先，住于太清仙境，长存不灭，常分身化形降生人间，为历代帝王之师，伏羲时为郁华子，神农时为大成子，祝融时为广成子。

■ 汉代出土玉璧

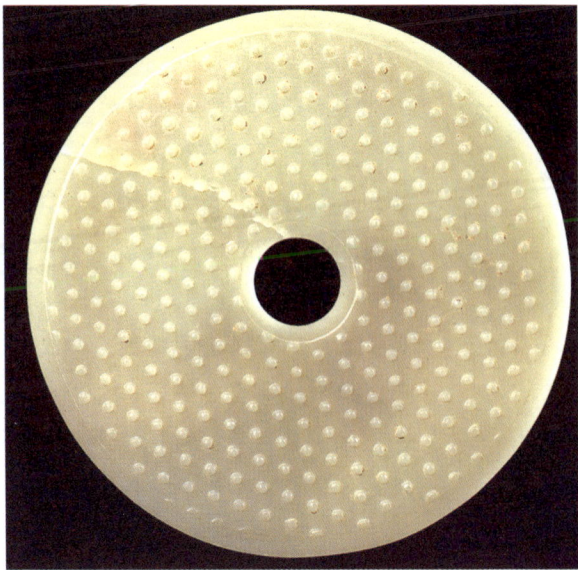

■ 阴阳鱼铜箸

王莽时的大泉五十、货布、货泉、布泉等铜币。

　　未央宫西北边的一座工官官署遗址内，有3万多片刻字的骨签，内容大多是各地工官向中央政府"供进之器"的记录，是研究西汉经济、官制等方面最具权威性的档案资料。

阅读链接

　　汉长安城城内街道布局整齐，有8条大街，160个巷里，9个市区。街道宽平，可以并列12个车轨，道旁栽植槐、榆、松、柏，茂密丛荫。最盛时城内人口近30万，是我国历史上第一个规模最大的城市。

　　从1956年至1959年，中国社会科学院考古研究所对汉长安城遗址进行了全面的勘查和发掘。其城垣内面积达36平方千米，加上建章宫等遗址，总面积达到65平方千米。占西安四大遗址保护总面积108平方千米的3/5，占未央区全区262平方千米的1/4。1961年被国务院列为第一批重点文物保护单位。

江南最大的闽越王城

　　闽越王城遗址位于福建省武夷山市武夷宫南的兴田镇城村南部。建于公元前202年，系闽越王无诸受封于汉高祖刘邦时营建的一座王城，是我国南方保存最完整、规模最大、出土文物最多的考古遗址。

■古城城门

■ 古城建筑

武夷山闽越王城遗址在选址、建筑手法和风格上独具一格，是我国南方城市的一个典型代表，体现了业已消逝的闽越国文明。

闽越，也称闽粤，是我国上古时代的少数民族之一，是百越族群的一支。闽越国是福建历史上地方割据政权中时间最早最长，也最为强盛的诸侯国，闽越国文化也是福建古文化发展的一个高峰。

在闽越国时期，由于城邑建筑的产生和发展，大量先进铁农具的引进和应用，农业生产得到大幅度进步；铁工具的广泛使用促进了手工业的发达；文字进一步推广和普及等，使福建在经济文化上达到空前的提升。

根据史书记载，秦始皇南平百越，百越之君无诸被削去王号，废为"君长"，秦王朝在闽越故地设置闽中郡。

秦朝末年，无诸率闽中兵将参加了轰轰烈烈的反秦大起义，与中原人民共同推翻了秦王朝的统治，接着又参加了汉高祖刘邦对西楚霸王项羽的战争。闽中

军骁勇善战，无诸为刘邦战胜项羽贡献了力量。

公元前202年，刘邦登上皇位，复立古越王后裔无诸为闽越国王。城村古城就是闽越王立国后建设的。无诸也因此成为西汉中央王朝首封的少数民族异姓诸侯。

无诸在位时，维持着与汉中央王朝的良好关系。无诸死后，其子孙内讧迭起，频频挑起战争。后成为西汉王朝南方的一股强大的割据势力。东越王余善最后发展到刻"武帝"玺，自立为帝，发兵反汉。

王朝遗梦

这时的西汉王朝经过近百年的休养生息，国富民强，汉武帝不能容忍各边远地区政权的日益强大，调遣四路大军共数十万人围攻闽越国。

汉王朝同时对闽越国内部采取分化瓦解的手段，争取了闽越繇王居股和部分贵族杀余善后降汉。汉武帝为了彻底消除后患，诏令大军将闽越举国迁往江淮内地，焚毁了闽越国的城池和宫殿。

往事越千年，闽越王城2000多米长的夯土城墙，轮廓依稀可辨。城墙上建有城楼、烽火台，布局严谨，秩序井然，风格追仿秦都汉宫。而干栏式宫房屋结构，又极富闽越地方文化色彩。

王城遗物丰富多彩，其中有不少堪称当时全国之最。宫殿后院的王宫御井，历经千年仍然水质纯净，清洌可饮，有"华夏第一古井"之称。

闽越王城遗址由3组东西走向的山岗和中心区高胡坪王殿区组成。

遗址坐落在枕山抱水的丘岗之上，城址跨越3座连绵小丘，依山峦起伏之势筑成，西高东低，逶迤而下。

遗址平面呈不规则的长方形，王城四周山阜保存有较好的夯土城墙。城址有陆门4个，水门3个。城门保存完整。城外除天然深谷和洼地外，一般都有墙壕遗址。

王城内部建筑城内地形分南、北、中3个部分：南部为大岗头；北部有马道岗；中部由下寺岗、下寺坪和高胡坪组成。

宫殿区位于城内中央的高胡坪上，体现了我国古代"宫殿居中"的择中观。揭露的一组大型宫殿建筑遗址有正殿、侧厢、庭院、天井、排水沟等，保存相当完整。

宫殿遗址发现大量的陶器、铁器、铜器等。其器形有罐、盆、钵、瓿、壶、盅、铁矛、铁剑、铜镞、弩机等。

在城址中共发现数万件汉代文物，由此论断，城村汉城的始建年代，可能是早到西汉前期，即闽越国统治时期，其下限可能延长到西汉末或东汉初年，它的兴废与闽越族的盛衰密切相关。

阅读链接

闽越王城于1958年被发现，由此开启了闽越国文化之谜的大门。1959年冬，福建省文物管理委员会对闽越王城遗址进行局部发掘，出土一批具有汉代特征的文物，从而被确定为西汉时期的古城遗址。

1961年，闽越王城遗址被福建省人民委员会列为第一批省级重点文物保护单位。

1990年，参加国际百越文化学术研讨会的120多位中外专家，登山考察了闽越王城遗址。1996年，闽越王城遗址被列为第四批全国重点文物保护单位。

1999年作为武夷山境内自然遗址被联合国教科文组织列入《世界遗产名录》。

艺术宝贵的高句丽王城

　　高句丽王城遗址位于吉林省集安市，包括国内城、丸都山城、王陵及贵族墓葬。高句丽政权存在于公元前37年至公元668年，是西汉到隋唐时期东北地区出现的一个有重要影响的边疆民族政权。

■ 高句丽王城城门

高句丽王城是高句丽民族建筑才华和筑城理念的充分展示，形成了世界都城建筑史上复合式王都的新模式。

周秦时期，高句丽的先人一直生活在东北地区。公元前37年，扶余人朱蒙为躲避祸患，率众南逃至卒本川，即今辽宁省桓仁县，并在这里建立了高句丽政权，定都于纥升骨城。这是高句丽历史上的第一座都城。

公元前19年，高句丽人发现尉那岩一带地势险要，物产丰富。回来以后，薛支便向琉璃明王提出迁都建议。

经过一段时间的考察，琉璃明王确认尉那岩一带地理环境和自然条件优越。于是，琉璃明王决定迁都。

经过一年的筹备，在公元3年冬天，高句丽将都城迁到国内尉那岩一带。国内城成为高句丽历史上的第二座都城。

公元198年，高句丽的政权传到了第十代王山上王手上。山上王执政后，积极加固扩建尉那岩城，修筑大型宫殿，将尉那岩城更名为丸都城，即后来为人们所熟知的"丸都山城"。高句丽鼎盛时期其势力范围包括吉林东南部、辽河以东和朝鲜半岛北部。

丸都山城

■ 高句丽古墓

公元668年，高句丽被唐王朝所灭，在历史上存续了705年之久。位于集安市的高句丽古迹，是高句丽王朝的遗迹。在集安市周围的平原上，分布了1万多座高句丽时代的古墓，这就是闻名海内外的"洞沟古墓群"。

高句丽王城、王陵和贵族墓葬及墓室壁画，是已被历史长河湮没的高句丽所创造的辉煌文明的经典。高句丽王城由平原城与山城相互依附共为都城，包括国内城和丸都山城。这是1世纪至5世纪高句丽早中期的都城，也是高句丽政权延续使用时间最长的都城。

国内城地处鸭绿江中游右岸的通沟平原上，北有禹山，东有龙山，西有七星山，是东北亚地区中世纪时代城址中为数不多的地表保存有石筑城墙的平原城类型的都城址。保存下来的城墙依然坚实牢固而又不失美观庄严，都城风范犹存。

而早在高句丽迁都国内城之前，这里已有战国末

鸭绿江 关于鸭绿江的名称来源有多种说法：一是因江水颜色似鸭头之色而得名。二是因上游地区有鸭江和绿江两条支流汇入，故合而为一，并称为"鸭绿江"。三是"鸭绿"一词为古阿尔泰语，是"匆忙的、快速的"意思，用来形容水流湍急的状态。

鎏金 我国古代的一种金属加工工艺，是将金和水银合成金汞齐，涂在铜器表面，然后加热使水银蒸发，金就附着在器面不脱。关于金汞齐的记载，最初见于东汉炼丹家魏伯阳的《周易参同契》。而关于鎏金技术的记载，最早见于梁代。这种技术在春秋战国时已经出现。汉代称其为"金涂"或者"黄涂"。

至西汉初的土筑城墙，应是汉代玄菟郡辖下的一座城邑。国内城现有石质城墙是高句丽迁都后于3世纪所建。国内城略呈方形，内外两壁全部以长方形石或方形石条垒砌。下部砌成阶梯形，逐层内收。每隔一定距离构筑马面，四角设有角楼，以提高防御能力。

部分城墙已失去本来面貌。现存城垣宽7米至10米，最高处三四米。原有城门6处，南北各一处，东西各两处。东门叫"辑文门"，西门叫"安武门"，南门叫"襟江门"。

国内城西南方存有大量瓦砾、陶片和完整的鎏金铜佛，应是有寺庙一类建筑；城东及城北，出土成排的础石、砖瓦等建筑遗迹、遗物，还有鎏金箭头、白玉耳杯、陶器等珍贵遗物，应为贵族居住址或官署。

丸都山城是凭借自然山势的走向构筑城墙，城墙高低起伏。在山崖陡峭险峻处筑低矮城墙或不筑。山

■ 洞沟古墓群

脊平缓处，高筑城墙，使城外高墙绝壁，防御能力增强。山城北高南低，形状就像向南倾斜的簸箕。城墙呈不规则的长方形。山城东墙、北墙西段、西墙北段保存较好，高处可达四五米，由20多层修琢工整的长方形和方形石条构筑，结构严谨。

城墙的石材自下而上，逐层内收，上部筑有1米左右的女儿墙，女儿墙内壁下部有一排筑洞，相距两米左右。

全城有门址6处，南侧谷口处有一处瓮门，东北面城墙上各发现两处门址，南墙西部见有一处城门址，西城墙上未发现门址。

丸都山城内有泉水两处，一处在城西北角，另一处在城东山脚下，在南城门汇于一处，注入通沟河。

城内有地面遗迹3处，蓄水池1处，墓葬37座。宫殿遗址在东侧山坡下，到处是瓦砾和成排的础石。

瞭望台也称点将台，在南门以北的高岗上，用石块垒筑，登台可望见通沟平原及国内城。瞭望台北发现一处戍卒居住址。

东南有一蓄水池也称饮马湾。城内的墓葬以石坟居多，大约是山城废弃后埋葬的。

四神 也叫作四象、四灵。我国春秋战国时期，由于五行学说的盛行，所以四象也被配色成为青龙、白虎、朱雀、玄武。四神在我国古代中另一个主要表现就在于军事上，早在战国时期，行军布阵就有"前朱雀后玄武，左青龙右白虎"的说法。

建筑群中有对称结构的两处八角形遗址，鉴于寺庙等处经常出现八角形建筑，可能是举行祭祀和仪礼的场所。在东北亚地区中世纪时代城址中，国内城与丸都山城是都城建筑的杰作。

高句丽王城外，在群山环抱的洞沟平原上，有近7000座高句丽时代墓葬，堪称东北亚地区古墓群之冠。洞沟古墓群的许多墓室里绘有线条飘逸流畅、内容丰富并具有传奇神话色彩的精美壁画，距今虽已千余年，仍色彩鲜艳，著名的壁画墓有角抵墓、舞踊墓、三宝墓、四神墓、五盔坟等。

洞沟古墓群中以将军坟、太王陵为代表的14座大型高句丽王陵及大量的王室贵族壁画墓，从不同侧面反映了高句丽的历史发展进程。

■ 好太王碑

其中，集安城东北的龙山悬崖上的将军坟，据考为20代王长寿王陵，造型颇似古埃及法老的陵墓，有"东方金字塔"之称。将军坟墓体呈方锥形，共有7级阶梯，墓体建筑雄伟，造型明快庄严，是高句丽建筑技艺、艺术成就所达高度的一个缩影。

将军坟不远处是太王陵，太王陵的东侧矗立着被称为"东方第一碑"的好太王碑，是长寿王为纪念第十九代王永乐太王而建。

碑石由一块方柱形巨石修琢而

山城下1411号墓

成，四面环刻文字共1775个，字体介于隶书与楷书，形成一种方方正正的书法风格，是我国书法由隶入楷的重要例证之一。碑文书法方严端庄、朴茂古拙，备受书法家赏识。

　　汉字镌刻的碑文记述了好太王一生的功绩和有关高句丽起源及建立政权的传说，是高句丽保存至今最长的一篇实物文字资料。

阅读链接

　　在2004年举行的第二十八届世界遗产委员会苏州会议上，高句丽王城、王陵及贵族墓葬被列入世界遗产名录。

　　在历史上曾出现过两个名为高丽的政权。一是立国于公元前37年，在我国西汉玄菟郡高句丽县境内出现的名为"高句丽"的中国古代东北地方少数民族政权，我国史书也称之为"高丽"。

　　二是立国于918年，在朝鲜半岛，也名为"高丽"。一般以"高氏高丽"称呼前者，因为其统治者姓高；以"王氏高丽"称呼后者，因为其统治者姓王。

藏地神秘的古格王国

　　古格故城位于西藏自治区阿里地区扎达县扎布让区境内托林镇西北的象泉河南岸。距今有1300年的历史，为曾经拥有百万之众的金戈铁马的吐蕃王室后裔于10世纪前半期所建，偏居此地700余年，传承20余代国王，其间不断扩建，于17世纪灭亡。

全国重点文物保护单位

古格王国遗址

中华人民共和国国务院
一九六一年三月四日公布
西藏自治区人民委员会立

■ 古格王国遗址

059

中古时期

王朝遗梦

古格王国遗址是研究我国西藏历史和10世纪以来藏族建筑史的珍贵资料。古格王国的前身可以上溯到象雄国，是在统一西藏高原的吐蕃王朝瓦解后建立的，它是吐蕃王室后裔在吐蕃西部阿里地方建立的地方政权，其统治范围最盛时遍及阿里全境。

古格王国不仅是吐蕃世系的延续，而且使佛教在吐蕃瓦解后重新找到立足点，并由此逐渐达到全盛。因此古格王国在西藏历史上具有重要意义。

古格王国遗址约为72万平方米，共有房屋遗迹445间，窑洞879孔，碉堡58座，暗道4条，各类佛塔28座，洞葬1处，发现武器库1座，石锅库1座，大小粮仓11座，供佛洞窟4座，壁葬1处，木棺土葬1处。

古格王国遗址被众土林远远近近地环抱其中，因其是用取自周围土林的黏性土壤建筑而成，所以古老城堡的断壁残垣与脚下的土林浑然一体，使人难以分

象雄国 古代青藏高原上的大国。古汉文音译象雄为羊、羊同或扬同，近人音译为象雄，与藏语音更为接近。象雄古国是横跨中亚地区及青藏高原的大国，早在公元前5世纪前就产生过极高的远古文明，甚至早于我国的夏、商、周，是现今西藏文明真正的根。

辨究竟何为城堡、何为土林。

古格王国整座城堡建在一座黄土坡上，地势险峻，遗址占地约18万平方米，从山麓到山顶自下而上，依山叠砌，王宫建筑、佛塔和洞窟、碉楼密布全山，达600余座，形成一座庞大的古建筑群，气势恢宏壮观。

古格王国宫殿建筑主要集中在山顶东南部，共有房屋56座，多数为一层建筑，也有二三层建筑。王宫西面，有一处面积约200平方米的建筑残迹，系当年王国集会的议事大厅，为王城中最轩敞的建筑，现仅存围墙。

山顶北部有一洞口，通向国王"冬宫"，由8个窑洞组成。冬宫为地道式建筑，盘旋通往山下，其间有一连串地穴式房屋，有望孔、小窗，室内套室，洞中有洞，颇为复杂。

古格王国崇尚佛教，曾多次派人到克什米尔学经，翻译佛经108部。1042年，印度高僧阿底峡到阿里地区弘法，使阿里成为佛教复兴之地，佛教史称之为"卜路弘法"。

古格王国遗址现存较好的有寺庙、殿堂5座。分别为度母殿、红殿、白殿和轮回殿。这些寺庙都带有浓郁的西藏建筑风格。

■ 断壁与护法神殿

　　红庙和白庙是6座寺庙中规模最大的，面积各300多平方米，有700余平方米的壁画。壁画题材有各类佛、菩萨、度母、护法神、高僧像以及吐蕃赞普世系图、古格王及臣后礼佛图、释迦牟尼传记图等。

　　古格壁画是古格艺术的精品，壁画上的人物极具动感，数千人物绝少雷同。庙内天花板上的图案多达500多种，大部分为装饰图案，少量为飞天、瑞兽题材。这些图案色彩浓艳，线条流畅，借鉴了印度、尼泊尔艺术的表现手法，充分体现了古格王国独特的艺术气质和时代风格。

　　透过这些气势宏大、风格独特、绚丽斑斓的图画，反映了当时社会生活的各个方面。所绘人物性格突出，用笔洗练，丰满动感的女性人物尤具代表性。古格王国遗址周围发现的雕刻、造像及壁画等揭开了古格王国的神秘面纱。

　　传说古格王国时期这个地方素以精于冶炼与金银器制造而闻名，当年阿里三围以托林寺为主寺的下属24座寺院的金属佛像与法器，都由鲁巴铸造。

飞天 意为飞舞的天人。在我国传统文化中，天指苍穹，但也认为天有意志，称为天意。在佛教中，娑婆世界由多层次组成，有诸多天界的存在，这些天界的众生，中文翻译为天人，个别称为天神，常简称为天，飞天就是此意。飞天多画在佛教石窟的壁画中。

据说鲁巴铸造的佛像用金、银、铜等不同的原料合炼而成，工艺精湛，通体全无接缝如自然形成，其价值甚至超过了纯金佛像。

在皮央遗址杜康大殿有一件精美的铜佛像，头戴化佛宝冠、四臂各执法器、头生三眼，这尊金黄色铜像却发出闪闪银光，晶莹锃亮，这就是著名的"古格银眼"。

"古格银眼"的铜像，只有古格才能制作，更是被视为佛像中的精品，因为极少流传于世，所以尤为珍奇。

古格盛产黄金白银，在托林寺、札不让、皮央东嘎都发现过一种用金银汁书写的经书，而且出土的数量极大。这种经书以文书写在一种略呈青蓝色的黑色纸面上，一排用金汁、另一排用银汁书写，奢华程度无以复加。

古格王国的防御区主要有3个古代防御工事，一个扼守在河口，一个雄踞在一座小山上，还有一座则屹立于象泉河床附近，三座防御工事呈犄角状互相呼应。

在古格都城遗址北面的一处断崖上，有一个著名的"干尸洞"。据说这是古格王国灭亡后留下的最后遗迹。洞窟开凿在山沟崖壁上，洞口很小。

阅读链接

对古格王朝古城遗址进行考察是从1985年西藏自治区文管会组织的考察队开始的。

在年轻考古学家张建林率领下，对古格遗址进行了大规模的考古调查，3年后，张建林和骨干队员仵君魁执笔写出了考古学巨著《古格故城》。

这部巨著的问世，在考古学界所引起的震动和赞誉自不待言，就连国家领导人出访美国时，都随身携带该书，作为礼品郑重地赠送给大洋彼岸的美国朋友。

神秘王国的楼兰故城

　　楼兰故城是汉、魏、西晋时期重要的古城遗址，位于新疆维吾尔自治区若羌县孔雀河下游罗布泊西部，是进出西域的枢纽，在古代丝绸之路上有着极为重要的地位。

　　楼兰属西域三十六国之一，与敦煌邻接，据《史记·大宛列传》记载："楼兰、姑师，邑有城郭，临盐泽。"西汉王朝与匈奴激烈抗争，通达西、南亚只能取道阿尔金山、昆仑山北麓或天山南麓。

楼兰故城遗址

当时，我国内地的丝绸、茶叶，西域的马、葡萄、珠宝，最早都是通过楼兰进行交易的。位于西行孔道的楼兰很快发展成为"丝绸之路"上的新兴都市，在魏晋及前凉时期为西域长史治所。在遗址中发现的汉文文书上，用"楼兰"佉卢文称呼该城。

楼兰王国从公元前176年建国，范围东起古阳关附近，西至尼雅古城，南至阿尔金山，北到哈密。到公元630年消亡，共有800多年的历史。

汉时的楼兰国，有时成为匈奴的耳目，有时归附于汉，玩弄着两面派的政策，介于汉和匈奴两大势力之间，巧妙地维持着其政治生命。

由于楼兰地处汉与西域诸国交通要冲，汉不能越过这一地区对付匈奴，匈奴不假借楼兰的力量也不能威胁汉王朝，汉和匈奴对楼兰都尽力实行怀柔政策。

■ 楼兰故城断壁

■ 苍凉的楼兰故城

4世纪中叶以后，随着丝路交通的转移，楼兰逐渐衰落，后沉没在沙碛之中……

古城平面近正方形，城墙长期受东北向季风吹蚀，几乎全部为流沙所掩埋。楼兰故城四面城墙正中部有缺口，似为城门，其中西城墙缺口处有两个残土墩，相距4米，似为瓮城遗迹。城墙用红柳枝与黏土相间筑成，未经夯打。

城内有一条古河道，自西北流向东南，与孔雀河支流相通，将城址划分为西南区和东北区。西南区保存着成片建筑遗迹，木质柱梁及红柳墙清晰可见。

楼兰城内最高建筑物是位于城东部的一座佛塔。塔身是用土坯加木料垒砌而成的；塔基为方形，塔身圆柱形，用土坯砌成。

塔南的土台上，有一组高大的木构建筑遗迹，发

西域 指我国汉代以来对玉门关、阳关以西，葱岭即今帕米尔高原以东，巴尔喀什湖东、南及新疆广大地区。而后来发展为广义的西域，则是指凡是通过狭义西域所能到达的地区，包括亚洲中、西部，印度半岛地区等。另外还有两个说法，一是指佛家所指西方佛祖居住的西天，二是指传说中西王母所居的地方。

现有汉文、佉卢文文书及简牍、五铢钱、丝毛织品、生活用具等。建筑遗迹呈四合式院落。最主要的一处建筑是位于古河道南的"三间房"，为城内最显眼的标志之一。

"三间房"的院落坐北朝南，直接对着南城门。土坯砌墙，东西两厢房可见遗迹，墙用大木材作框架，红柳枝夹条，外涂草泥。

这三间房的墙壁是城中唯一使用土坯垒砌而成的，东西两端的房屋都是木结构，构筑的特点是取平整枋木置于地面。枋木两端凿榫立柱架梁，四周木梁，柱架纵横，总数不下百根。

此处曾发现西域长史府大批文书、残简和木尺、笔、漆器、陶器及早期粟特文和佉卢文文书，从这一组建筑物的位置和构造等情况分析，这里可能就是当

简牍 我国古代遗存下来的写有文字的竹简与木牍的概称。用竹片写的书称"简策"，用木版写的书称"版牍"。超过100字的长文，就写在简策上，不到100字的短文，便写在木版上。写在木版上的文字大多数是有关官方文书、户籍、告示、信札、遗册及图画。

■ 楼兰故城遗址出土的毡帽

年楼兰城统治者的衙门府所在地。

其西的一组庭院可能是官宦宅邸，南边分布着矮小的民居。城中发现的各种文书、简牍，被称作罗布泊文书。

在城内还发现大量的厚陶缸片、石磨盘断片、残破的木桶和各种钱币、戒指、耳环和汉文木简残片等。这些物品，对研究楼兰故城历史都是无价之宝。古楼兰城内有一条东西走向、穿城而过的古渠道遗迹，可能就是古楼兰城居民直接取水的水源。

城内外都发现大量细石器、玉石斧、汉式弩机、各种铜镞、五铢钱、半两钱、货泉、陶器、玻璃器和金器、铜器、木器、纺织品、饰件及玛瑙珠，还有一枚贵霜王国钱币。

故城东北有两处两汉时期的墓地，其中 9 座墓葬为竖穴土坑，有单人、双人和多人葬 3 种。出土遗物除具有鲜明地方特色的弓箭、木器、手制陶器外，还有来自中原地区的铜镜、锦、绢、漆器。

罗布泊以东发现了一些外形特殊的古墓。围绕墓穴的是一层套一层共七层由细到粗的圆木，圈外又有呈放射状四面展开的列木。整个外形像一个大太阳，

罗布泊 诞生于第三纪末、第四纪初，距今已有1800万年，面积约2万多平方千米，在新构造运动影响下，湖盆地自南向北倾斜抬升，分割成几块洼地。汉代，罗布泊"广袤三百里，其水亭居，冬夏不增减"，这种现象使人猜测它"潜行地下，南也积石为中国河也"。这种误认罗布泊为黄河上源的观点，由先秦至清末，流传了2000多年。历史上，罗布泊的最大面积为5350平方千米。

不由得让人产生各种神秘的联想。

墓中死者有的衣着完整，是一些人属于"深目高鼻"的古欧洲人种，与现代北欧人很相似。他们的头骨可以分成两组，一组与南西伯利亚、阿勒泰地区青铜时代的安德罗诺沃文化相近；另一组与时代更古老的阿凡纳沃文化相近。也就是说，在同一地点，埋葬着两批体态不同的古欧洲人。

特别是墓中出土的一具中年女性干尸，经测定，表明是一具距今3800年的古尸。她体肤指甲均保存完好，有一张瘦削的脸庞，尖尖的鼻子、深凹的眼眶，褐色的披肩头发。

另外，她的上身裹着一块粗毛织的毯子，胸前的毯边用削尖的树枝别住，下身裹着一块羊皮，脚上穿一双翻毛皮制的鞋子，头上戴毡帽，帽上还插了两根雁翎，被世人称为"楼兰美女"。

在人类历史上，楼兰是个充满了神秘色彩的名字。它曾经有过的辉煌，形成了它在世界文化史上的特殊地位。

阅读链接

1900年，瑞典探险家斯文·赫定正在罗布泊西部探测，偶然发现了一座高大的佛塔和密集的废墟，那里有雕刻精美的木头半埋在沙中，还有古代的铜钱。随后他们又在这片废墟东南部发现了许多烽火台一直延续到罗布泊西岸的一座被风沙掩埋的故城，这就是楼兰故城。

1901年，斯文·赫定在遗址中掘取了大量汉文木简、文书，少量佉卢文书、古钱、精美木器等文物。推定该遗址就是汉文古籍中的"楼兰"城。

20世纪50年代后，我国考察队在克服了重重困难以后到达了楼兰故城进行考察。1979年至1989年，新疆文物考古研究所先后7次组队进入罗布荒漠调查楼兰故城。1980年对故城及城郊汉墓进行了发掘。

古都遗影

我国古代从公元581年杨坚建立隋朝，经隋唐、五代十国、宋元、明清数个朝代，千百年来王朝的更迭促进了全国各地都城与王城的建设。

隋唐及以后的王城包括隋大兴唐长安城、隋唐洛阳城、北宋东京城、元上都和元中都等。这些古代的政治、经济、文化中心，都是中华文明的重要汇聚、融合、发展之地。

繁华的隋大兴唐长安城

　　隋大兴唐长安城遗址位于陕西省西安市区东南部，始建于公元582年。唐代进一步修建完善，并增建了大明宫、兴庆宫等，成为当时世界上最大、最繁华的国际大都市之一。

　　公元582年，隋文帝下诏兴建新都大兴城，宫城为大兴宫，宫城正

殿为大兴殿，大兴殿正门为大兴门，新设禁苑为大兴苑。

大兴城平面布局规整，整个城市由外郭城、宫城和皇城三部分构成。外郭城形状近方形，东西宽度略大于南北长度，由于城墙过长，修建时间仓促，大兴城初完工时城墙较低矮，以后陆续增筑过多次。

大兴城外郭城南、东、西三面各开三门，到了唐代相承未改。南面中间为明德门，东为启夏门，西为安化门；东面由北至南依次为通化门、春明门、延兴门；西面由北向南依次为开远门、金光门、延平门。北面两门都在宫城西侧，西为光化门，东为华林门，唐改为芳林门。

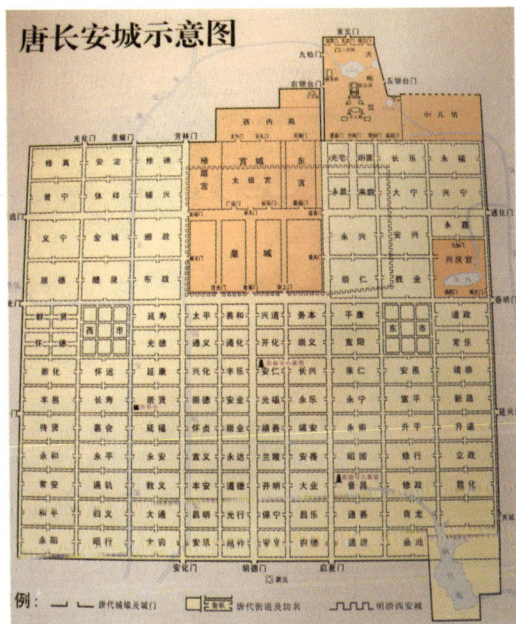

唐长安城示意图

城内靠北墙中央为宫城，其南为皇城，其余部分共有14条东西向街道，11条南北向街道，把外郭城分成排列规整的坊市。以全城南北中轴线朱雀大街为界，两侧相互对称。全城共有109坊。

宫城即大兴宫，是皇帝寝居和处理朝政的场所。宫城内部分为三大部分，中间部分供皇帝寝居临朝。东面为东宫，是皇太子的寝居之地。西面为掖庭宫，是普通宫女的住所。宫城南面有门连通皇城，北面有门出城入大兴苑。

皇城在宫城的南面，是朝廷各个部门的办公区。除个别部门有特殊情况外，几乎全部政府机构都集中在这里。此外，祖庙和社稷坛也按照《考工记》"左祖右社"的说法，分别排列在皇城城垣内的东西两侧。

　　为解决宫廷和城内居民的生活用水以及园林绿化用水，在大兴城中还设计了永安渠、清明渠、龙首渠和曲江池水几条水渠，流贯外郭城、皇城、宫城和大兴苑。

　　大兴苑在城北，西起汉长安城故城，东止灞水、浐水岸边，北至渭水，南抵大兴城下。大兴苑主要是供帝王游玩，但它对保障大兴城特别是宫城的安全，也起到重大作用。

　　大兴城的宫城北墙同时也是外郭城的北垣，墙外没有其他依托，而北面的龙首原为制高点，容易对宫城造成威胁。将城垣北面化作苑囿，可以充分利用北面的渭水和东面的灞水、浐水，以及四面的苑墙，拱卫皇宫。

　　唐代定都大兴城后，将大兴更名为长安，同时将大兴宫、大兴殿和大兴门分别更名为太极宫、太极殿和太极门，大兴苑更名为禁苑。从唐太宗时起，长安城陆续发生一些变化。

　　公元634年，唐太宗下令在宫城东侧北郭墙外的龙首原上，兴建永安宫，作为太上皇李渊避暑的离宫。635年改名为大明宫。662年，唐高宗因嫌太极宫低洼潮湿，屋宇壅蔽，大规模扩建大明宫，并改名为蓬莱宫。670年，又改名为含元宫，但不久即复改为大明宫。

随着君主住所的迁徙，太极宫中的一切附属设置也随之转移到大明宫中。由于大明宫在原来的宫城太极宫的东面，这两处宫殿又分别被称作东内和西内。

唐玄宗李隆基原来居住在长安城东垣下的隆庆坊，登基后因避讳改为兴庆坊，714年，改建此坊为兴庆宫。至726年，又拓展兴庆宫，占据了北面永嘉坊的一半和西面胜业坊的一部分。753年，又大规模修筑兴庆宫的墙垣。728年以后，唐玄宗基本居住于兴庆宫内，故兴庆宫又被称作南内。

兴庆宫内有引龙首渠水汇注而成的龙池，是长安城内仅次于曲江池的水泊。 随着大明宫和兴庆宫的兴建，隋时城市街道坊市形态也陆续发生一些变化。

大明宫的正门丹凤门开在外郭城北垣上，门南面正对翊善坊，坊墙如同影壁遮挡着宫门。为此只好将翊善坊和它南面的永昌坊从中一分为二，辟出通道，连接到皇城东面延喜门与外郭城东侧通化门之间的东西干道上。

兴庆宫扩建后，占去永嘉、胜业两坊的一部分，732年时在兴庆宫西南角修建花萼相辉楼和勤政务本楼，为拓展楼下地面开辟广场，又

■曲江池

拆毁其西南面东市的东北角和它南面道政坊的西北角。

城东北角的永福坊，在玄宗时筑入苑地，作为专供皇子王孙居住的宅院，名为十六王宅。这便阻断了沿东城墙和北城墙下伸向城东北角的顺城街。

至唐宣宗时，为方便从曲江池去往新昌坊的青龙寺，又将曲江池与新昌坊之间的升道、广德、立政、敦化四坊一分为二，从中开出一条新路。此外，唐代在外郭城北面的芳林、广化二门中间，又新开一座景耀门，这是外郭城垣较大的变化。

隋唐长安城的人口，主要集中在市区的北侧，尤以东、西两市周围地区最为繁华。长安城外郭北垣诸门都通向禁苑，日常出入使用的是东、西、南三面的9座城门。

这9座城门除南面正中的明德门为5个门道以外，其他各门都是3个门道，中间的一个门道很少使用，可能只供皇帝出行。一般出入分别走两边的门道，"左入右出"。

街道的宽度，根据交通需要，分作几个等级。第一级是连同几座主要城门的街道。除了东西两侧靠南头的延兴、延平两门，由于城南部人口稀少，街道不是很宽，东、西、南三面其他几座城门相对的街道，宽度都在100米以上。如皇城朱雀门到外郭明德门之间的大道最宽，达150米左右。

另外，隋唐两代都在明德门外设有天坛，皇帝登坛祭天德的仪仗规模浩大，普通宽度的街道很难容受，也需要这样一条宽阔的道路。

第二级是城中大多数道路，宽度在40米至70米不等。

第三级是顺四面城墙下的道路，宽度在2.5米以内。长安城内街道两旁大多挖有水沟，以排除路面积水，但因地面系颗粒细小的黄土，稍遇雨水，即泥泞不堪，排水沟也无济于事，晴天则车马一过尘土飞扬。

为保持路面的干燥清洁，744年以后，在一些主要街道的路面上，铺设从浐河岸边运来的河沙。为防止路沙散出，在道路两旁筑有低矮的土垣，当时人称之为"沙堤"。

隋唐两代是佛、道两教的兴盛时期，长安城中建有100多所寺院道观。这些寺观大多散布在城内各坊当中。此外在宫禁中也有专设的佛堂、道坛；东、西两市专设有供信徒放生的水池，名为"放生池"，池边建有供奉佛像的佛堂；还有一些著名寺院，坐落在城垣外边。

青龙寺云峰阁

西安大雁塔

青龙寺是唐代长安城名寺，位于陕西西安铁炉庙村北，寺前身为隋灵感寺，是佛教密宗教派的根本道场，711年改名为青龙寺。寺址西北部有东西并列的两组院落遗迹。

青龙寺隋代灵感寺部分毁于唐武宗会昌灭佛时；晚期为唐宣宗时重建，沿用至北宋。早期西院有中三门，门内设塔，塔北建佛殿，四周有回廊或院墙。

青龙寺东院中心亦有一殿堂。晚期西院伽蓝废中三门，在早期旧基上重建殿、塔，并修治回廊，新设北门。东院也重建了殿堂。晚期殿、塔规模不如早期宏伟。

青龙寺在中外文化交流史上有重要地位，天宝以后，日本、新罗等国僧人来中国学习密教，多到青龙寺求法。寺址的发掘，为研究唐代寺院布局提供了重要资料。

长安城中虽然寺观林立，却对城市建筑景观影响不大。当时寺观的建筑形式与平面布局，与富贵人家的住宅没有太大差别，长安城中有许多寺观就是由官宦舍宅改造而成。

体现寺院特色的建筑物主要是塔。长安城中最有名的佛塔应是城西南角和平、永阳二坊内的大庄严寺塔和大总持寺塔。

这两座塔形制完全相同，塔身木构，都是由宇文恺规划建造。宇文恺意图用这两座高塔，来弥补城西南角地势较低的缺憾。

保存下来的慈恩寺塔和荐福寺塔，即俗称的大雁塔、小雁塔，也都是当时著名的佛塔。

唐代的官僚勋戚除在城内占有豪华的住宅，许多人还在城外近郊风景秀丽的地方建有别墅。别墅最集中的地方是城南沿樊川一带，其次在城东灞、浐两河附近以及蓝田附近的辋川也比较集中。

唐代长安城的经济和文化在唐玄宗开元年间发展得十分迅速。盛唐时期，它已是当时世界上最大最繁华的国际大都市。"安史之乱"后走向衰落。

763年，唐代长安城被吐蕃占领15天。晚唐时黄巢攻入长安，在黄巢军和唐军的厮杀之中，城市遭到严重破坏。904年，朱全忠挟持唐昭宗迁都洛阳，并把宫室拆毁，屋木也一起运走。后来，驻守长安的佑国军节度使韩建认为城广人稀，不利于防守，于是对城市进行改筑，缩为"新城"，也就是五代、宋、金、元的长安城。

至此，有着总计306年历史的隋大兴城或唐长安城便宣告废弃。

隋大兴城唐长安城的规划和建筑，不仅对后世有深远影响，在当时就已为隋唐王朝周边的一些地方政权和域外邻国所仿效。例如渤海国上京城和日本的平城京、平安京等，都受到长安城的深刻影响。

阅读链接

1957年以来，中国科学院考古研究所对隋大兴唐长安城进行了全面勘查和部分发掘。从而对城址的平面布局、坊市的形制、宫殿的分布及其建筑基部的结构等，有了进一步的认识。

1961年，我国1000多年前的一座百万人口大都市遗址被发掘出来，这个大都市就是著名的唐代京都长安。

1996年，国务院公布隋大兴唐长安城遗址为第四批全国重点文物保护单位。

盛世皇都的隋唐洛阳城

  隋唐洛阳城遗址是隋唐两代的东都城遗址，位于我国河南省洛阳市区及近郊。建于公元605年，一直沿用至北宋末年，历时500多年。

  作为我国古代著名都城，隋唐洛阳城见证了我国封建社会最辉煌的一段历史，包含丰富的文化内涵，其平面布局、建筑形制对后世影

隋唐洛阳城池图

响深远，甚至影响到东亚各国。

隋唐洛阳城是隋、唐两代的东都城，是丝绸之路的东方起点以及隋唐大运河的中心。它主要由宫城、皇城、郭城、东城、含嘉仓城、上阳宫、西苑、离宫8部分组成，占地47平方千米。

隋唐洛阳城不是世界上规模最大的古代都城，但它的轴线建筑却是世界历史上最恢宏的建筑群。自定鼎门至龙光门，南北长7千米，相继建有天枢、明堂、天堂、贞观殿、玄武门、曜仪门、圆璧门等10多座规模宏大的建筑。

定鼎门是隋唐洛阳城郭城的正门。据史料记载，它正式启用于606年，隋炀帝是第一个通过这座城门的帝王。

定鼎门由平面呈长方形的墩台、3个门道、东西飞廊、东西两阙和左右马道组成。东西飞廊和东西两阙分别位于墩台两侧，和墩台呈平行对称分布，这种门阙形制仅见于定鼎门遗址，在国内其他地方还没有发现。定鼎门与皇城正门端门之间为定鼎门大街，其宽度116米。

外郭城南宽北窄，略近方形。城墙全部用夯土筑成，稍呈弧形。东西两墙下面发现有石板砌的下水道。外郭城有8个城门，西墙无门。

南墙3门，自东向西分别为长夏门、隋建国门即唐定鼎门、隋白虎门即唐厚载门。东墙3门，自南向北分别为永通门、隋建阳门即唐建春门、隋上春门即唐上东门。

■隋唐洛阳城

北墙2门，东为隋喜宁门即唐安喜门，西为徽安门。南墙3门和建春门等都是一门三道，城内街道横竖相交，形成棋盘式的布局。

在洛河以南有南北竖街12条，东西横街6条；洛河以北有南北竖街4条，东西横街3条。其中最著名的是定鼎门大街，又称天门街、天津街或天街，是南北主干道，现存长约3千米。

城内街道组成里坊，据《唐六典》及《旧唐书》等文献记载并结合考古钻探的实际情况可知，总数为109坊3市，即洛河南为81坊2市，洛河北为28坊1市。已勘查出洛河南的55个坊和洛河以北的9个坊，其余各坊市为今城所压或被洛河冲毁。

宫城位于外郭城的西北部，平面略呈长方形。中为夯筑，内外砌砖。南墙正中的唐应天门即隋则天门、东边的唐明德门即隋兴教门、西边的唐长乐门即隋光政门和北墙的玄武门、西墙的嘉豫门。

在宫城中轴线上，发现多处大片夯土殿址，西部

有多处长方形基址和一
处石砌圆形基址。应天
门内右侧发现了为营建
宫室而设置的窑场，存
有大批注明官、匠或官
工的印字砖瓦。

宫城东南侧自成一
城，有东宫以及北部的
陶光园、中部偏北的徽
猷殿、西北部的九州
池，特别重要的是宫城
内武则天时的明堂遗址。

■ 唐代青铜镜

公元688年，武则天命拆毁乾元殿造明堂。有上
下3层，中有巨木10围，上下贯通，号万象神宫。明
堂相当壮观华丽，在圆形屋顶上，有展翅欲飞、饰以
黄金的凤凰雕塑；中层的圆盖则盘有九龙。

在夯土殿基正中，有由4块大青石构成的巨型柱
础。柱础外圈直径4.17米，内圈直径3.87米，这就进
一步看清了宫城内宫殿的布局，确立了宫城、皇城内
建筑的准确标志。

在明堂的北面，武则天又命人造了一座天堂。天
堂主要用来安放一尊大佛。史料记载，天堂共5层，
它比明堂高得多，在第三层就可以俯视明堂全景。
经调查，天堂中心柱础保存完好。

皇城围绕在宫城的东、南、西三面，其东西两侧
与宫城之间形成夹城。

《旧唐书》 唐
代是我国封建社
会的一个重要时
期。五代后晋时
官修的《旧唐
书》，是现存最
早的系统记录唐
代历史的一部史
籍。它原名《唐
书》，宋代欧阳
修、宋祁等编写
的《新唐书》问
世后，才改称
《旧唐书》。

由于洛河北移，皇城东南部被冲毁，南墙仅存西段，皇城内发掘了隋代的子罗仓。其他许多小城和曜仪城在宫城之北，为狭长形，东西长约2100米，南北宽约120米。

曜仪城以北是圆壁城，圆壁城北墙即外郭城北墙西段。已勘查出这两座小城的断续城垣以及两城中部相通之门道和圆壁城北墙正中的龙光门。

在皇城东侧发现有东城，城址为纵长方形，在宫城东北角和西北角外，还有面积较小的东西隔城。

诸小城中最重要的是东城北面的含嘉仓城。城平面为长方形，有城门4座，即仓东门、中门圆壁门、北门德猷门、南门含嘉门。德猷门为单门道，门道留有车辙。

东北部和南半部有粮窖287座，东西成排，南北成行。其中9座出有铭砖，有唐代"调露""长寿""天授万岁通天""圣历"等年号，记载着粮窖在仓城中的方位，储粮的品种、数量，粮食来源、入窖年月、运输和管理人员的官职和姓名。

阅读链接

1954年，中国科学院考古研究所对隋唐洛阳城进行勘查；1959年调查了宫城、皇城及周围诸小城的平面布局，确定一些门址的位置，并发掘了皇城南墙的右掖门。

1960年至1965年，继续调查了街道、里坊及市场的位置，同时发掘了宫城。陆续在隋唐洛阳城内发现或发掘了定鼎门、天津桥、应天门、明堂、天堂等重要遗址。

1969年，河南省博物馆与洛阳博物馆联合调查、钻探和发掘了含嘉仓城；其后，中国社会科学院考古研究所、洛阳市博物馆和洛阳市文物工作队又曾多次在隋唐洛阳城遗址内进行了发掘。

繁华极地的北宋东京城

　　北宋东京城遗址位于河南省开封市区及其周围。东京城又称汴京，始建于公元956年的后周。960年，赵匡胤建立北宋王朝，定都开封，改名东京，历时167年，是当时全国第一大都市。

北宋东京城模型

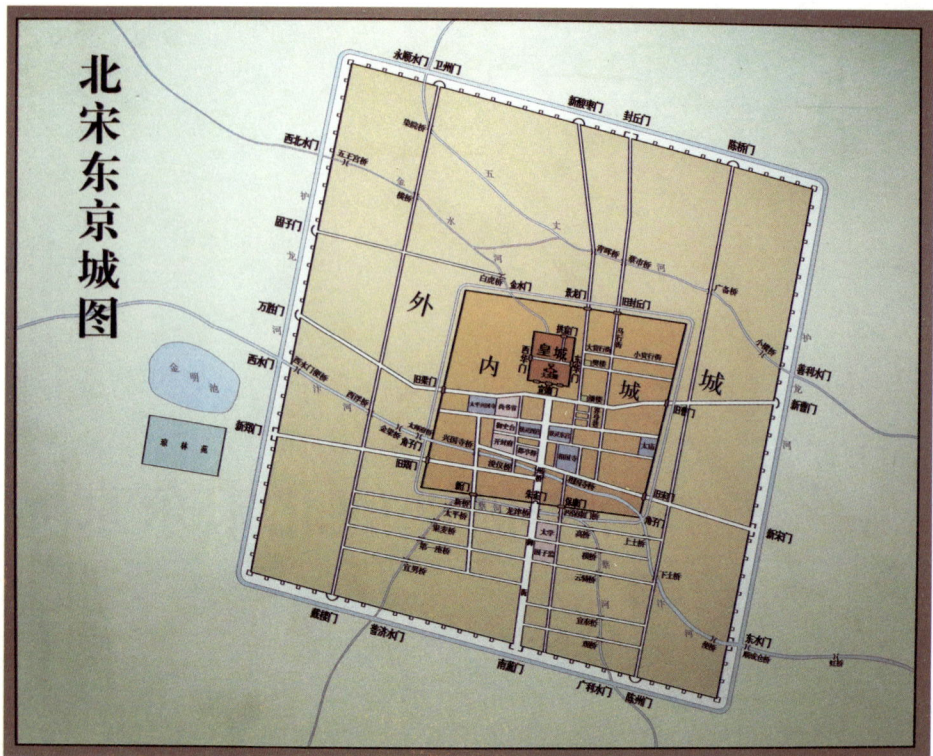

北宋东京城图

　　自北宋灭亡后，历经动乱，东京城遭受严重破坏，特别是元世祖时为防止人民反抗，将开封内外城全部拆毁。

　　1642年，李自成率起义军第三次围攻开封时，周王朱恭枵串通官军掘开黄河堤，全城尽为泽国，自此故城大部分都被泥沙深埋在地下，只留下了外城的残存基址。

　　1841年黄河再次决口，外城的残基最终被洪水和泥沙淤没。据史料记载，北宋东京城东西略短，南北稍长，由外向内依次为外城、内城、皇城，其外城的轮廓、形制和范围，以及一些城门的位置，同宋人的记载大致吻合。

　　东京城的外城又称新城、罗城，四墙与后世的开封城基本平行，是历代东京军事防御的第一道屏障。外城由于历代的兵灾水患，昔日巍峨壮观的外城已遭到了极大的破坏，并全部淤埋于地下2米至8米深。

　　北宋时期，外城共有城门14座、水门7座，已发现南薰门、南郑门、万胜门等10余座，多为直门两重或屈曲开门的瓮城门。尤其是西墙上的正门新郑门遗址，面积近2万平方米，其规模之大，在我国古代都城发展史上是极为罕见的。

内城又称阙城、里城、旧城，是在唐汴州城的基础上修建而来的，始建于公元781年，整个内城略呈正方形，其南墙位于后来的开封城南墙北约300米，北墙位于龙亭大殿北约500米的东西一线，东、西墙叠压在今开封城东、西墙的下面，四墙总长约11.55千米。

北宋内城城门已增加到了10座，经考证，其东边和西边墙上的部分城门就叠压在开封城东、西墙上的城门如宋门、曹门、大梁门等的下面。

东京城的皇城又称皇宫、宫城、大内和禁中等，始建于962年，是北宋皇帝的议事殿阁和寝宫所在地，是当时最繁华之处，衙署、寺观和商业场所较集中。

宋皇城的大致范围位于开封龙亭大殿前的鄱阳湖一带，与内城朱雀门、外城南薰门成一南北直线，即

衙署 我古代官吏办理公务的处所。《周礼》称官府，汉代称官寺，唐代以后称衙署、公署、公廨、衙门。衙署是城市中的主要建筑，大多有规划地集中布置，采用庭院式布局，建筑规模视其等第而定。中正厅为主建筑，设在主庭院正中，正厅前设仪门、廊庑，遇有重要情况才能够开启正门，才能使用正厅。

■ 北宋东京城的繁荣景象

东京复原模型

当时的御街。

皇城呈东西略短、南北稍长的长方形。周长2.5千米，城墙原为土筑，1012年改为砖砌。次年在大门内外北边开始兴建一组园林式建筑群，一共有7个大殿和15个阁楼，取名叫延福宫。

皇城一共辟有6个门，其中宣德门是皇宫的正门，宫门高大雄伟，威严壮丽，因为是高大的门楼，所以也称为宣德楼。

在皇城的前半部中轴线上，发现东西宽约80米，南北最大进深60多米，残留6米左右的宋宫正殿大庆殿的建筑台基，其位置、规模、深度及遗物均与文献记载相符。

北宋东京城的繁荣，除居全国政治、经济和文化中心重要地位外，境内水道交通的方便也是主要的因素之一。

当时京城一带水网纵横，舟楫云集，穿过东京城的河流有蔡河、汴河、五丈河等，特别是与黄河沟通的汴河，史载"岁漕江、淮、湖、浙米数百万，及至东南之产，百物众宝，不可胜计"。

而架在这些河道上的桥梁有32座，如州桥、龙津桥、相国寺桥、金明池中的仙桥等。这些桥梁的架设使京城东西可以贯通，南北可以直达，极大地方便了京城的交通运输，保证了京城的物资供应，也给京城人们的日常生活带来了诸多便利。

由于北宋最高统治者对佛教政策的转变，大力提倡佛教，使北宋一代"士大夫多修佛学""崇道教，兴佛法""营佛事，创梵宫"成为一种时代风尚。在这种思想指导下，东京城内的许多宗教建筑，尤其是寺院建筑便如雨后春笋般地兴建起来。

许多寺院修建的奢华程度，远非一般的官府可比，实乃东京城内除皇宫之外最为华美的建筑群体。

在遍布东京城内众多的佛教寺院中，以相国寺、开宝寺、天清寺、太平兴国寺最为著名，号称东京四大寺院。

北宋东京城中出现了一批新兴的手工业作坊，历史上最早的火药作坊，以及由五代而来，经过北宋才进一步发展起来的印刷作坊等。

北宋画家张择端创作的《清明上河图》被誉为"中国十大传世名画之一"。它采用散点透视构图法，生动描绘了北宋时期都城东京的状况，主要是描绘了汴梁以及汴河两岸的自然风光和繁荣景象。

阅读链接

北宋末，东京人口估计约有130万至190万，可以说是当时世界上的大城市。它既是全国的政治中心，又是商业文化中心。东京的城市结构冲破了传统的里坊制，较多地服从经济发展的需要，是中国历史上都城布局的重要转折点，对以后的几代都城有较大的影响。

1981年，河南省文物研究所和开封市博物馆联合组成开封宋城考古队，进行了多次调查、钻探和发掘，初步揭示出东京城遗址的面貌。

1984年，开封市政公司在大南门里中山路中段修筑大型下水管道时，开封文物考古队在当时市皮鞋厂的东侧探明了古州桥遗址，并对桥址进行了初步考察。

漠北第一古都的辽上京

辽上京遗址位于我国内蒙古自治区巴林左旗林东镇南，为我国辽代都城遗址。辽太祖耶律阿保机于公元918年开始兴筑，初名皇都，926年扩建，938年改称上京，并设立临潢府，为辽代五京之首，作为辽之都城历经204年。

辽上京遗址是我国保存最好的古代大遗址之一。辽上京遗址的发

上京建筑

现，为系统地研究辽代城市建筑提供了十分重要的实物资料。

1120年金兵攻占上京。金将上京改为北京临潢路，至元代上京逐渐废弃。

辽上京遗址南部城墙底宽至少有32米，地表以上高度为10米多。墙体结构为内外3层的版筑结构，特别表现为底部土层薄而密集，越往高处土层越厚，最厚处可达20米左右。由于城体保存尚好，清晰可见筑墙时夯窝的痕迹，每平方米有270多个，十分坚固。

辽上京平面略呈"日"字形，周长约6.4千米，城墙均用黄土夯压版筑，残高5米至9米。京城由皇城和汉城组成，两城建筑与布局是辽"以国制治契丹，以汉制待汉人"的政治制度的反映。

皇城位于京城北部，是契丹皇族、贵族的宫殿和衙署所在地，也是初筑的皇都。东、南、北3墙都呈直线，西墙中段位于小土岗顶部，南、北两端向内曲折，全长约1.85千米，东、西、北3墙中部残存有门址，并加筑瓮城，各墙上残存有马面。

西墙内的山冈顶部，有一组东向的建筑址，应是早期的宫殿遗迹，在此可以俯瞰全城。岗下有一大道直向东门，皇城最初是以东门为正门，扩建汉城后，城内主要建筑都改成南向，皇城南门改为正门。四面城门内都有大街直通大内宫墙外。

大内位于皇城中央部位，宫墙墙基已残毁，约为长方形，周长约2千米。内有宫殿、门阙、仓库等建筑基址，其中有两座大型宫殿，建筑在高约4米的台基上。

皇城南部有不规整的街道及官署、府第、作坊和寺院基址，其中一座寺院内残存一躯残高 4.2 米的石刻菩萨像，传为天雄寺遗址。皇城北部地区未发现建筑基址，应是文献所载契丹贵族搭设毡帐的地带。

汉城位于南部，是汉、渤海、回鹘等族居住区域，其北墙即皇城南墙，东、南、西 3 墙系扩筑。墙身较皇城低窄，残墙最高 3 米，无马面，原有 6 座城门。

原来流经城南的小河，经过多次改道，自城西南角穿过东北角，将城内文化堆积层冲刷殆尽，仅余靠近皇城南门的小片地区。

城址附近现存砖塔两座。一座位于城址东南的山坡上，俗称南塔，为八角密檐式，残高约 25 米，尚存 7 层塔身及塔基，塔刹及檐椽都已塌毁。塔身第一层每面镶嵌高浮雕石刻佛、菩萨、天王、力士和飞天像。塔东南处有辽代开悟寺遗址，此塔当是开悟寺塔。

另一座位于城址北，俗称北塔，为六角密檐式，仅存 5 层塔身，残高约 6 米，传为辽代宝积寺塔。辽上京遗物中最精美的当属一个保存较好的石经幢座和半块仰莲雕花石座。

另外，辽上京遗址还发现了近万枚北宋铜钱和数十个泥塑人面像。这些泥塑人面像雕塑十分精美，是一批珍贵的艺术精品，代表了辽代工匠高超的工艺水平。

阅读链接

1962 年，内蒙古自治区文物工作队对辽上京遗址进行了全面勘探和试掘。2001 年，辽上京遗址的保护被列为西部大开发文物重点保护项目。

2002 年，辽上京遗址经过几个月的发掘，皇城南半部分城墙地表以上结构基本清晰。2012 年，中国社会科学院考古研究所和内蒙古自治区文物考古研究所对辽上京进行考古发掘并获重大发现。